JN040688

教職ライブラリ

教職入門

―教育学のエッセンスから学ぶ―

住本克彦
編著

井上直子・上田喜彦・片山則昭・加藤由美・門原眞佐子
斎藤健司・高木　亮・土井貴子・冨田幸子・野﨑洋司
毛利康人・元根朋美・森　和子・森　一弘・山下敦子
共著

建帛社
KENPAKUSHA

まえがき

　本書発刊を迎えた現況にあって，次の教育振興基本計画に向け検討を重ねている中央教育審議会では，「子ども一人一人の多様なWell-being（ウェルビーイング）」の形成を基盤にした教育のあり方について議論を重ねている。グローバル化を踏まえた様々な教育改革が進められていく中にあって，共生社会の実現を地球規模で担う人材の育成をこそ，教育の目標としなければならない時代を迎えているのである。教職にある我々は今こそ，子供の将来はもちろん，社会や世界の動き，その方向性をしっかり見据え，「平和」「自由」，そして「公正」（正義）を基軸とした「共生社会」実現を志向する人材育成を進めなければならない。この点でも，本書で「教育の意義」「教員の役割」等を見つめ直す意味は大きいといえる。

　本書は，教育の現場を熟知した執筆者が各章を担当し，全体を2部構成（第Ⅰ部 理論編，第Ⅱ部 実践編）に分け，第1章から第6章までの教職に関する理論的内容と，第7章から第12章までの実践的内容で構成されている。また，コラム欄を随所に設けて，教職に関する最新の知識を網羅し，各章の終わりには振り返りとして主体的・対話的で深い学びができる演習課題を設定している。教職課程を学ぶ学生には，順次読み進めることで，教職に関する理論と実際を学ぶことができ，教育現場の教員にあっては，教職についての最新の知見に触れることができように構成している。特に，教育実習や教員採用試験に関しての章立てもしており，教職課程を履修している学生にとっては十分役立つものとなっている。この点では，「教育学」「教職概論」「教育実習」「教育実習事前事後指導」「教職実践演習」等でのテキストとしてはもちろん，教員採用試験の対策参考書としても有用であると確信している。

　また，本書へは，兵庫教育大学学長 加治佐哲也先生から身に余る巻頭のお言葉を頂戴した。この場をお借りして心より御礼申し上げます。

　依然喫緊の課題である，いじめ問題への対応や不登校児童生徒支援のあり方等，学校教育に対する要望は益々過熱化してきている。さらにコロナ禍も相俟って，教育現場の多忙感は尋常ではない現況にある。そのような中，教職を目指す学生の皆さん，また日々熱心な実践を重ねる教員の方々が，本書に触れ，改めて「教職の意義」「教員の役割」等を見つめ直すことによって，より効果的な教育実践の一助になることを願っている。

　最後に，本書の編集にあたっては，株式会社建帛社社長の筑紫和男氏，編集課長の黒田聖一氏には多大なるご尽力を頂いた。衷心より感謝申し上げる。

2023年3月

編著者　住本克彦

巻 頭 言

　今，教育変革・改革の時代を迎えている。「教育DX（デジタルトランスフォーメーション）推進」「個別最適・協働的な学び」「デジタル教科書」「MEXCBT（メクビット）」「こども家庭庁設置」「部活動の地域移行」等，教育現場における環境の変化は枚挙にいとまがない。

　このような中にあって，本書が発刊されることの意義は大きい。松尾芭蕉の俳諧理念とされる「不易と流行」は"教育"に最も当てはまるものである。教育においては，どんなに社会が変化しようとも，豊かな人間性，平和や自由を大切にする心，命を尊ぶ心，自然を愛する心等，時代を超えて変わらない価値のあるものがある。これらを子供たちに育てること，培うことは，いつの時代の教育においても重要である。これからの教育においても，子供たち一人一人が，自らの個性を伸ばしながら，こうした「不易」，つまり「時代を超えて変わらない価値のあるもの」を身に付けていってほしいものである。

　ただ，「流行」つまり，社会の変化に対しても臨機応変に応じることが大切である。これは，時代の変化に応じて変えていく必要があるものであって，特に，現代においては挙げればきりがないほどの勢いで噴出してきている。グローバル化，教育DXが進み，急激に変化していく激動の社会の中にあって，これらの社会の変化の本質を正確に見極めつつ，教育実践において持続的なPDCAサイクルを着実に推進していく。さらに，今後一層進展するグローバル化や情報化等の変化に対して，教育が当意即妙に対処していくことも，肝要なことなのである。

　いずれにしても，今後教壇に立つ学生の皆さんが，これら教育における「不易」と「流行」をしっかりと意識しながら，教育の理論をふまえた実践を重ねることによって，これからの時代を担う教員に育つことを期待するものである。

　このような視点からも，本書発刊の意義は大きいものといえよう。我々は，今こそ，教育における「不易」と「流行」をしっかりと見つめ，それが，子供たちの「生きる力」「自己実現」にどのような意味を持ち，どう繋がるのか，等をしっかりと吟味しなければならない。本書はそれを見定める基軸となるものである。「教職の意義」「教員の役割」等を今一度見直すことによって，教員自身の実践を振り返り，より適切な個別最適・協働的な学びを進めることに結びつけていくことが重要なのである。

　本書では，教育の現場を熟知した執筆者が各章を担当し，第Ⅰ部を理論編，第Ⅱ部を実践編としている。

　第Ⅰ部の第1章から第6章までの教職に関する理論編では，以下の内容で構成されている。「第1章　教育への基本的視座」では，教育とは何かについて教育思想家の教育論等を基軸に

探っている。「第2章 日本教育史」では，古代から現代までの我が国の教育史を，「第3章 西洋教育史」では，世界の教育史を辿っている。「第4章 教員の身分と服務」では，様々な法規によって教員の身分や服務が規定されていることを学ぶ。「第5章 教員の資質向上と研修」では，教員の資質の不易と流行を概観した上で，これから求められる教員養成や研修について探っている。「第6章 教育改革の現状」では，現在の教育課程について概観し，働き方改革について論述した。

　第Ⅱ部の第7章から第12章までの教職に関する実践編では，以下の内容で構成されている。「第7章 教員としての仕事と生きがい」では，各校種における教員の仕事と生きがいについて概観している。「第8章 学級経営の基本」では，学級経営のポイントを，特別支援教育も踏まえて論述している。「第9章 生徒指導の実際」では，各校種の生徒指導の実際について概観している。「第10章 教育実習，教育実習事前・事後指導，教職実践演習」では，「教育実習の意義と心得」「教育実習事前・事後指導のポイント」「教職実践演習のポイント」等について具体的に論述している。「第11章 教員採用試験について」では，教員採用試験の実際とその対策について詳述している。「第12章 教員のメンタルヘルス」では，教員のメンタルヘルスの現状と対策について明記している。

　このように，本書は理論ばかりでなく，実践について具体的事例等を挙げており，教職を目指す学生の皆さんはもちろん，激動の教育現場に立ち，日々尊い実践を重ねておられる教職員の皆さんにとっても意義深い書となっている。

　編著者の住本克彦氏は，兵庫教育大学大学院学校教育研究科学校教育専攻修士課程（生徒指導コース）を修了され，兵庫県教育委員会義務教育課，兵庫県立教育研修所・心の教育総合センター主任指導主事，兵庫教育大学発達心理臨床研究センター客員教員，兵庫教育大学非常勤講師（担当科目：大学院学校教育研究科：教育実践高度化専攻：心の教育実践コース「キャリア教育実践プログラムの開発」大学院学校教育研究科：共通基礎科目「教育相談の理論と技能開発」「学校における心の教育実践研究A」「学校における心の教育実践研究B」等）等も歴任され，本書「教職入門」の編著者としては，理論，実践共に精通した最適任者であると確信するものである。

　本書が，読者の皆さんの将来にとって，有益な指針となることを期待し，巻頭の言葉とする。

2023年3月

兵庫教育大学学長　加治佐 哲也

目　　次

第4章　教員の身分と服務　　　　　31

第5章　教員の資質向上と研修　　　　　43

第6章　教育改革の現状　　　　　53

第7章　教員としての仕事と生きがい　63

第8章　学級経営，ホームルーム経営の基本　73

第11章　教員採用試験について 109

第 1 章 教育への基本的視座

本書は，将来教職に就くことを目指す学生を対象にしたガイダンスの書ともいえるものである。そこでまず，「教育への基本的視座（教育を見る基本的立場・視点）」として，「教育」とは何か，そして，教職を目指すことの意味について，さらには，教育の現代的課題について探ってみたい。

1 教育とは何か

「教育」とは何か，について考える際，まず，世界の現状を見つめることから始める必要があるだろう。

一点目には，2020（令和2）年初頭からのコロナ禍により，人間としてのあり方・生き方，否，人類としてのあり方・生き方等が問われる時代を迎えている点である。そして，もう一つは，2022（令和4）年2月24日，ロシアのウクライナ侵攻が起きた点である。これらによって，世界情勢は一変してしまった。私たちは今こそ，「公正」（公平で偏っていないこと。心理学では，「正義」と同義）を基軸とした「共生社会」実現に向け，社会としても，個人としても，まさに「自分事」として向き合わざるを得ない現実を迎えていることを自覚しなければならない。そこでは，「教育」が担う役割は一層大きなものとならざるを得ない。これらの現況を踏まえて，「教育」とは何か，について探ってみよう。

さて，「教育」とは何か，この問いに即答できる者は少ないであろう。なぜなら，「教育」という言葉は，それほど多義的に使用されているからである。そこで，辞典や法規，歴史的思想家の言葉等から探索したい。

まずは，辞典からその定義について探ってみよう。

「教え育てること。また，その結果として身についたもの」[1]

「知識を与え，個人の能力を伸ばすためのいとなみ。現代では，一定期間，計画的，組織的に行なう学校教育を指す場合が多い。」[2]

[1]『日本語大辞典』講談社，1989.

[2]『日本国語大辞典』小学館，1973.

これらからも明らかなように，まずは，未成熟な状態でこの世に生まれた赤ん坊の成長をサポートする意味を「教育」は持つ。人は，未熟なままにこの世に生を受け，その直後から保護者の保護が不可欠となるのである。

次に，人は一人で生きていくことはできない。つまり，社会の一員としての役割を担っていかなければならない。社会を存続させるためには，「教育」によって役割や体制は引き継がれなければならないのである。特に，辞典にあるように，学校教育が大きな意味を持っている。

次に，法規として，わが国の教育基本法から探ってみよう。

第1条（教育の目的）　教育は，人格の完成を目指し，平和で民主的な国家及び社会の形成者として必要な資質を備えた心身ともに健康な国民の育成を期して行われなければならない。

本条で「教育の目的」とは何かを規定している。教育は，人を育てることであり，「教育の目的」としては，どのような目標に向かって人を育てるか，どのような人を育てることを到達の目標とすべきかについて規定している。

この教育基本法の教育の目的を具体化させたものとして，教育基本法第2条（教育の目標）がある。

第2条（教育の目標）　教育は，その目的を実現するため，学問の自由を尊重しつつ，次に掲げる目標を達成するよう行われるものとする。

一　幅広い知識と教養を身に付け，真理を求める態度を養い，豊かな情操と道徳心を培うとともに，健やかな身体を養うこと。

二　個人の価値を尊重して，その能力を伸ばし，創造性を培い，自主及び自律の精神を養うとともに，職業及び生活との関連を重視し，勤労を重んずる態度を養うこと。

三　正義と責任，男女の平等，自他の敬愛と協力を重んずるとともに，公共の精神に基づき，主体的に社会の形成に参画し，その発展に寄与する態度を養うこと。

四　生命を尊び，自然を大切にし，環境の保全に寄与する態度を養うこと。

五　伝統と文化を尊重し，それらをはぐくんできた我が国と郷土を愛するとともに，他国を尊重し，国際社会の平和と発展に寄与する態度を養うこと。

以上が，教育基本法の教育の目標である。教育の目的よりも具体的になり，

これらの目標をすべて満たすことで教育の目的は達成することができると考えられている。したがって，教育の目的である「人格の完成」「平和で民主的な国家及び社会の形成者として必要な資質を備えた心身ともに健康な国民の育成」を達成するためには，上記の各目標を達成する必要がある。

さらに歴史的思想家が，「教育」についての考えを示している。

コメニウス

ヨハネス コメニウス (1592-1671)：近代教育学の基礎を築いた教育思想家

「天の下 人類の破滅 (humanae corruptelae) を救うには青少年を正しく教育する (iuventutis recta institutio) より有効な道はほかにはない」[3]

---

3) ヨハネス コメニウス，鈴木秀勇訳『大教授学1』明治図書，1962，p.35.

人材育成の重要性を説いたが，「新冷戦」時代を迎えた現況にあっては，この言葉は一層重みを増したといえよう。

ジャン＝ジャック ルソー (1712-1778)：徹底した性善説の立場に立ち，「エミール」で教育論を説いた哲学者

「子どもには，彼が大人になった時，いかにしてみずからの生命を守るべきかということを教えておくべきである。運命の打撃に耐え，富貴も貧困も意に介せず，必要とあればアイスランドの氷のなかでも，マルタ島の焼けつくような岩の上でも生きてゆくことができるように教えておくべきである」[4]

「人類は事物の秩序の中にその位置を持っている。子ども時代は人間の生涯の秩序の中に自己の位置を持っている。それゆえ，おとなはおとなとして，子どもは子どもとして考量しなければならない。各々をそれぞれの位置にあてがい，その位置にとどめること，そして人間の諸情念を人間というものの構造にしたがって秩序づけること，このことが人間の幸福のために私たちのなしうるすべてである」[5]

「有用な職業を選ぶだけでは十分でない。さらに言えば，それにたずさわる人に，いまわしい魂，人間性と両立しない性質の魂を要求してはならない」[6]

ルソー

このように，ルソーは『エミール』を通して，子供の人格や自由を尊ぶ立場から，子供の心身の発達に応じた教育を行うべきであると主張し，子供が未熟・未完成で誕生するからこそ，教育によって，成長するものであると述べている。そして，彼は次述のカントにも大きな影響を与えている。

4) ジャン＝ジャック ルソー，長尾十三二他訳『エミール1』明治図書，1967，pp.28-29.

5) 4)と同じ，pp.96-97.

6) 4)と同じ，p.314.

イヌマエル カント (1724-1804)：近代哲学の祖

「人間は教育によってはじめて人間になることができます」[7]

「教育学または教育に関する講義は，自然的教育についてのものと実践的教育についてのものとがあります。自然的教育とは，人間と動物とに共通しているところの者，すなわち養育のことです」[8]「実践的教育とは人格性のための教育，自分自身を保ち，社会においてその一員として行動するとともに，自分自身としても内的な価値を持つことができるような，自由に行為する存在者をつくるための教育のことです」[8]

カント

「われわれの魂のなかには，(1) 自分自身に対する関心，(2) 自分と共に成長してきた他の人々に対する関心，を持つようにさせるあるものが宿っていますが，もう一つ，(3) 世界全体の幸福，への関心がなければなりません。子ども達はそれらの関心に注目し，これによって自らの心を温めることができるように育てられねばなりません」[9]

7) イマヌエル カント，伊勢田耀子訳『教育学講義』明治図書，1971，p.15.

　このように人間にとっての「教育」の重要性を指摘した上で，世界平和（世界全体の幸福）についてもその範疇としていることは，益々グローバル化が進む現況にあっては，今こそ我々自身が胸に刻まなければならない言葉である。

ジョン デューイ (1859-1952)：教育とは何かを問い，民主主義のあり方を探究し続けた教育思想家。

「学校が『民主主義』の実現される『小さな社会』となる」[10]

「教育は，他人に害を与えないこと，および，他人の福利に対するある程度の積極的な配慮が，自分自身の幸福の追求を保障するために必要である，という意識を人々に教え込むものとなるべきであった」[11]

「唯一の真の教育は，子どもをとりまく社会的事態の諸要求が，子どもの諸能力を刺激することを通して生ずる。これらの諸要求を通して，子どもは，全体の一員として行動し，行動や感情についての自分特有の狭さから抜けだし，さらに，自分が属する集団の福祉という立場から自分自身について考えるように，刺激される」[12]

デューイ

8) 7) と同じ，p.30.

9) 7) と同じ，p.84.

10) ジョン デューイ，松野安男訳『民主主義と教育 上』岩波書店，1975，pp.23-24.

　このようにデューイも，教育と社会，なかでも民主主義との関係性の大きさについて述べている。デューイは，教育の目的は，教養主義に実学の有用性を付加させ，民主的な社会を実現していくことにあるとしているのである。

　さて「教育」とは何かについて，様々な点から探ってみたが，今ほどグローバル化が進んだ現代においては，今後「平和」「自由」，そして「公正」（正義）が一層脚光を浴び，さらに多様性を認める教育が求められ，社会を生き抜く力

を備えた，「共生社会」実現を志向する人材育成が急務となるであろう。

いずれにしても，先の見えない社会情勢の只中にある今こそ，教員は，今一度「教育」は何かについて自身に問い直し，自身が教育改革や教育実践の最前線に立っているという自覚のもとに，前述のような様々な教育思想家の言を俟たずとも，地球規模での「Well-being ウェルビーイング」[*1]（すべての人々が，個人において，心身ともに，また社会的にも満たされた状態にあること。究極の自己実現がかなった状態ともいえる）を希求する人材育成を目指してほしいものである。

さらには，2020（令和2）年初頭からの新型コロナウイルスの世界的感染拡大は，一層の「共生社会」実現の重要性を示しており，「共生社会」実現を求めようとする人材育成の必要性を強く求めているのである。「新冷戦」問題も含め，こうした世界的規模の問題解決のためには，世界が協調し合わないと不可能で，「共生社会」の実現を目途に，脱炭素問題や地球温暖化問題等の人類存続に関わる問題にも果敢に立ち向かおうとする人材育成を進めなければならないのである。

11) ジョン デューイ，松野安男訳『民主主義と教育 下』岩波書店，1975，p.159.

12) ジョン デューイ，大浦猛他訳『実験学校の理論』明治図書，1977，p.10.

*1『令和の日本型学校教育』の構築を目指して〈中央教育審議会答申，2021，p.4）に詳述されているので参考にしてほしい。

2　教職を目指すことの意味

まず，なぜ教職を目指そうとしたのか。そのきっかけは何なのか。そこに，「教職を目指すことの意味」について考えるヒントがあるように考える。

表1-1（小学校教員養成課程の在籍学生対象），表1-2（中学校教員養成課程の在籍学生対象）は，教員養成系大学における学生に「教員を目指した理由（きっかけ）」について実施した調査の結果（養成課程によって「初等」「中等」に分けたもの）である。（筆者が調査実施〈半構造化面接〉。調査対象学生平均年齢19.1歳。調査日202×年○月□日）

これらから，教職を目指すことの理由としては「恩師との出会い」が「初等」も「中等」も回答の割合が最も高い。多くの学生が将来のモデルとしての教員との出会いをきっかけとして教職を目指している。また，次に高いのは，「初等」では，「子供が好き」（「中等」でも7番目に高い割合），「中等」では，「教科（数学・国語・音楽等）の魅力を伝えたい（広げたい）」であった。「中等」の特性が表れたともいえよう。ここで注目すべきは，「教職は『やりがい』がある職業（自己成長が望める等）」が「初等」「中等」ともに第3位に割合が高いことである。しかも，ともに第1位の「恩師との出会い」との関連もあり，教員を目指すきっかけとなった「恩師」の姿から① 教員としてのやりがい，② 子供と共に成長できる職業，③ 危機的状況を克服したときに達成感を味わえる職業等を実感して教職を目指すことにつながっているのである。

表1-1　小学校教員を目指した理由（きっかけ）

理　由	件数	割合(%)
恩師との出会い	46	30.2
子供が好き	28	18.4
教職は「やりがい」がある職業（自己成長が望める等）	17	11.2
教えるのが好き	15	9.9
中・高校での職場体験から	14	9.2
親の勧め	7	4.6
教員の勧め	6	3.9
家庭教師・塾講師経験等から	6	3.9
公務員の安定性	5	3.3
その他（親戚の勧め，親が教師等）	8	5.4
計	152	100.0

注：5件以上を表示。小数点以下第2位を四捨五入

表1-2　中学校教員を目指した理由（きっかけ）

理　由	件数	割合(%)
恩師との出会い	22	19.3
教科（数学・国語・音楽等）の魅力を伝えたい（広げたい）	19	16.7
教職は「やりがい」がある職業（自己成長が望める等）	15	13.2
中・高校での職場体験から	12	10.5
教えるのが好き	12	10.5
家庭教師・塾講師経験等から	10	8.8
子供が好き	6	5.3
教員の勧め	5	4.4
親の勧め	5	4.4
その他（公務員の安定性，第三者の勧め等）	8	6.9
計	114	100.0

注：5件以上を表示。小数点以下第2位を四捨五入

事例1-1　教職8年目の男性教員A

　　私が小学校6年生の担任をしたときのこと。女子の数人のグループへの指導に苦慮した。教員の指導が空回りして「どうしてそんなことをしないといけないのか」「そんなことしたくないし，する必要性を感じない」等，教員に口答えばかりするグループとの出会いがあった。毎日，頭を抱えて様々な対応を試してみるものの好転することはなかった。そのような中，先輩教員から① 今の正面から子供に関わろうとする姿勢は崩さないこと，② 小学生の高学年の女子グループの指導はベテランでも難しいこと，③ 核になっている子供に「何かいい方法があれば教えてくれる？」と子供に尋ねてみるのもいい等の助言をもらって実践したところ，そのグループとの関係性も良好になり，年度末には，見事に認め合える学級づくりに結びついたのであった。このことで，教員自身も子供と共に成長できる職業としての喜びを味わうことができたのであった。

　　実際，教員から，上記のような事例を聴き取ることができた。

　　この教員は，この体験後，自信を持って教育実践を重ね（学級経営，生徒指導，授業等），管理職はもちろん子供や保護者，同僚，地域の方々からも高い評価を受けることとなったのである。

　　次頁は中学校教員の事例である。

事例 1-2　教職 5 年目の女性教員 B

　私が中学 2 年生を担任したときのこと。男子生徒が授業妨害や，暴力，器物破損等の問題行動を繰り返していた。ただ，「していいこととしてはいけないことのけじめある生活指導の徹底」は，貫き，すべての生徒に真正面から向き合っていったのである。そのような中，問題行動を繰り返していた生徒が「先生，ちょっと聞いて」と悩みを打ち明けるようになったのである。担任として何度も無力感を感じながらも，人として許せない言動をとったときは生徒としっかり向き合う姿勢は，生徒の心にきちんと届いていたのであった。

　この教員は，全ての生徒に対して，「いけないことはいけない」という姿勢をとり続けることの大切さを学んだのである。

　この後指導を徹底することの重要性と，生徒から相談を受けたときは真剣に「治そうとするな，わかろうとせよ」の姿勢で向き合っていった。

　こういった事例からも，「教育は人なり」といわれるように，教員は学生のモデルとして大きな影響を与えているという自覚を持って，一人一人の学生と真摯に向き合っていくことが教員には求められるのである*2。

　さらに，「教育の公共性」についても考えておくことが重要である。教育の目的については，既述の通り教育基本法第 1 条に規定しており，その上同法第 9 条において「法律に定める学校の教員は，自己の崇高な使命を深く自覚し，絶えず研究と修養に励み，その職責の遂行に努めなければならない」と規定している。ここでいう「教員」については，国立，公立，私立全てを含んでいる。これは同法第 6 条「法律に定める学校は，公の性質を有する」とする「教育の公共性」を指しており，教員に「奉仕者」としての立場を求めているともいえるのである。「私学の公共性」も，私立学校法第 1 条の目的規定「この法律は，私立学校の特性にかんがみ，その自主性を重んじ，公共性を高めることによって，私立学校の健全な発達を図ることを目的とする」と上述の教育基本法第 6 条の「公の性質」の規定によって制度としては明確に示しているのである。このことは，第 1 節でも取り上げたデューイが以下の通り述べている。「あらゆる教師は，自己の天職の尊厳性をよく認識すべきである。彼は，適正な社会秩序の維持，ならびに正当な社会的発展を保証するために，特に選ばれた社会的奉仕者である」13)。

　こういった視点は，教職を目指す者としては，教職の意義として押さえておくことが重要である。

*2　筆者が教育実践を重ねる中で，いつしか，啐啄同時の教育こそが大切だと実感していった。これは「禅宗で，師家と弟子とのはたらきが合致すること」（広辞苑）とされ，鳥の雛が卵から産まれようと殻の内側から卵の殻をつついた時，その音を聞いた親鳥がタイミングを逃さず，卵の外からつついて殻を破るサポートをすることを指すのである。このように，子供が関心をもって自らから学びたいと動き出した時，教員がそのタイミングを逃さず手助けしていくことが教育の要諦であろう。

13) 12) と同じ，p.26.

3　教育の現代的課題

　教育の現代的課題については，グローバル化が進展する中，地球温暖化問題はもとより，感染症拡大問題，新冷戦時代到来も含め，様々な地球規模の課題が深刻化し，持続可能な社会の構築に向けた教育の理念がますます重要になっている。これからの激動の時代を生き抜く子供たちがよりよい社会と幸福な人生のクリエーターとなるための教育の推進こそが求められている。ここでは，教育の現代的課題について，グローバル化の進展と「共生社会」の実現の観点から概観してみよう。

　文部科学省は「『グローバル化』とは，情報通信技術の進展，交通手段の発達による移動の容易化，市場の国際的な開放等により，人，物材，情報の国際的移動が活性化して，様々な分野で『国境』の意義があいまいになるとともに，各国が相互に依存し，他国や国際社会の動向を無視できなくなっている現象ととらえることができる。特に『知』はもともと容易に国境を越えるものであることから，グローバル化は教育と密接な関わりをもつ。さらに『国際化』はグローバル化に対応していく過程ととらえることができる。教育分野では，諸外国との教育交流，外国人材の受入れ，グローバル化に対応できる人材の養成などの形で，国際化が進展している」と示し，以下の具体的論点をあげた[14]。

14）文部科学省国際教育交流政策懇談会第1回配布資料「グローバル化と教育に関して議論していただきたい論点例」，2009.

①　グローバル化が進展する中で日本で教育を受ける利点

　日本で教育を受けた者は「グローバル化する世界でどのような役割を担うか等について」をその論点としている。

②　グローバル化する世界の中で文化の多様性を尊重し受け入れる寛容な姿勢を育むための国際教育交流・協力

　異なる文化や文明を理解，尊重することの大切さを強調している。これが，平和な国際社会を維持する上で重要だとしている。

③　世界共通の価値観や世界規模の課題に対応する姿勢を育むための国際教育交流・協力

　我が国が，ESD（持続発展教育）の地球規模での推進に貢献できるよう，どのように国際教育交流・協力を進めるべきか等についての論点をあげている。

④　世界における日本の人材育成の役割

　グローバル化に伴って途上国が直面する多様な課題の解決に，日本が行っている教育の強みを生かした人材育成はどのように貢献できるのか等を論点にあげている。

⑤　国際教育交流・協力を推進する上での中長期的指針

　限られた人的・財政的資源の中で有効な国際教育交流・協力を推進していくためには，グローバル化の進展への対応も含めて我が国として，どのような方針の策定が必要か等を論点にあげている。

　⑥　グローバル化が教育に投げかける課題と対応の方向性

　グローバル化に伴う市場主義や競争主義の進展とともに，教育分野にどのような影響や課題が生じているか等を論点にあげている。

　こういった論点をもとに，育て上げようとする，いわゆる「グローバル人材」に必要なものは何であろうか。以下にあげてみたい。

　① 語学力，② コミュニケーション能力，③ 国際理解教育に基づく異文化に対する理解，④ 共感性（相手の立場に立つ思いやり），⑤ 自国に対する理解，⑥ 文化・文明を愛し，世界平和を希求する心，⑦ 多様性を認めようとする心，といった異なる文化をもつ人々の状況をまず理解し，その人たちと積極的に関わり，新たな関係性を創り出そうとする「多文化共生」を求める人材を育成することは，個人のウェルビーイングを具現化した上に「共生社会」の実現にも直結していくものなのである。

　小学校における外国語教育では，外国語やその背景にある文化を，社会や世界，他者との関わりに着目して捉えるということが強調されている。外国語やその背景にある文化を理解する際には，知識として理解を深めるだけではなく，実際に外国語指導助手（ALT：assistant language teacher）や地域に住む外国人との交流等の体験を通じて理解を深めていくことが大切になってくる。これからの教員には，英語等の外国語のコミュニケーション能力を高めていくことだけではなく，様々な体験活動をともに経験することが強く求められている。これらの役割を心に刻み，自身の関わりのある子供や保護者，地域の人々だけでなく，よりグローバルな視点を持つよう日々実践を重ねてほしい。

●参考文献

国立教育政策研究所『OECD 生徒の学習到達度調査 Programme for International Student Assessment：PISA2015 年調査国際結果報告書：生徒のwell-being（生徒の「健やかさ・幸福度」）』2017.

中央教育審議会「『令和の日本型学校教育』の構築を目指して〜全ての子供たちの可能性を引き出す，個別最適な学びと，協働的な学びの実現〜」(答申) 2021.

藤田英典『教育改革―共生時代の学校づくり』岩波書店，1997.

●演習課題

課題1：「教育振興基本計画」について調べてみよう。

課題2：教員としての生きがいについて恩師に尋ねてみよう。

コラム　令和の日本型学校教育

「令和の日本型学校教育」は，中央教育審議会（以下，中教審：文部科学省に設置された有識者の組織を指す）から「答申」という形で出されたものである〔2020（令和3）年1月〕。まずはこの文言の「日本型学校教育」について考えてみよう。中教審はこの答申において，「日本型学校教育」を，子供たちの知・徳・体を一体で育む学校教育と定義し，これまでの日本型学校教育の成果と課題についても以下のように示している。成果としては，① 国際的にトップクラスの学力，② 学力の地域差の縮小，③ 規範意識・道徳心の高さ等の3点をあげ，直面する課題としては，① 子供たちの多様化，② 生徒の学習意欲の低下，③ 教員の長時間労働，④ 情報化への対応の遅れ　⑤ 少子化・人口減少の影響，⑥ 感染症への対応等の6点を示している。

そして，この「日本型学校教育」の成果・課題を踏まえて，令和の時代に向けて「新たな動き」として，① 学習指導要領（文部科学省が定める教育課程の基準。10年ごとに改訂される）の着実な実施，② 学校における働き方改革（教職員の長時間労働等が問題視），③ GIGAスクール構想（児童生徒1人に1台の端末と高速ネットワークを整備する文部科学省の取り組み）等をあげたのである。そこから，①「正解主義」や「同調圧力」への偏りからの脱却，② 一人一人の子供を主語にする学校教育の実現が求められた上で，この「日本型学校教育」の良さを受け継ぎ，更に発展させ，新しい時代の学校教育の実現を目指そうとするものとして「令和の日本型学校教育」を打ち出したのである。

また，2020年代を通じて実現すべき「令和の日本型学校教育」の姿として明記したものが，全ての子供たちの可能性を引き出す，「個別最適な学び」と「協働的な学び」の実現である。

これを，子供の学びの側から見ると，「個別最適な学び」と「協働的な学び」が一体的に充実し，「主体的・対話的で深い学び」が実践され，ICTの活用も進めていくこととした。一方で，教職員の側から見ると，子供一人一人の学びを最大限に引き出す教員としての役割が求められ，教員の資質・能力の向上や学校における働き方改革も進めていくこととしたのである。さらには，子供の学びや教職員を支える環境としては，ICT環境の整備により全国の学校で指導・支援の充実，校務の効率化等がなされており，同時に少人数によるきめ細かな指導体制も整えていくことが求められるとしている。

「令和の日本型学校教育」は，昨今の日本が抱える様々な教育的課題（特別支援教育を受ける児童生徒・外国人児童生徒等の増加，子供の貧困，いじめの発生件数・重大事態や不登校児童生徒数の増加等）について国をあげて克服していくための指針となるだろう。

参考文献
中央教育審議会「『令和の日本型学校教育』の構築を目指して ～全ての子供たちの可能性を引き出す，個別最適な学びと，協働的な学びの実現～（答申）」2020.

第 2 章 日本教育史

　日本の教育の歴史には，複数の大きな転換期が存在している。例えば公教育制度の導入と戦後の教育改革がある。しかし，それぞれの時代に視点を向けると，社会背景や教育課題と関わりながら，それぞれの時代に即した教育を展開していることがわかる。本章で歴史を学ぶ中で，それぞれの時代と現在の教育との相違を比較し，その時代の教育がなされた理由や関係性を考えながら「今のあたりまえ」を再考するとともに，これからの新しい教育を構築していく足がかりとしてほしい。

1　古代・中世の教育思想と制度

　ここでは時代区分を，飛鳥・奈良時代と平安時代を古代，鎌倉時代から安土桃山時代を中世としてそれぞれの時代に行われていた教育に対する理解を深めていく。

（1）古代の教育思想と制度

　飛鳥・奈良時代と平安時代は，いずれも支配する側と支配される側が存在する奴隷制の時代だったが，飛鳥・奈良時代は律令国家の形成との関係が深く，平安時代は貴族と摂関政治との関係が深い時代であった。

1）支配者層への教育（中央官僚養成と貴族教育）

　教育は，狩猟採集社会から農耕社会へ移行し，集団社会が形成されていくのにあわせて始まった。日本においては，文字の伝来*¹以降，渡来人による宮廷人を対象とした識字教育が行われ，538年の仏教伝来は日本の文化・教育に大きな変化をもたらした。例えば，仏教をはじめとする大陸文化の積極的な摂取を進めた聖徳太子は，「冠位十二階」や「憲法十七条」の制定や，理想的集

*¹ 応仁天皇の頃に百済から王仁が来日し『論語』と『千文字』を献上した。

＊2　賢哲官：共同体的原理をなす儒教的「和」に従い，政治的決定をするにあたって独断的でなく，衆と論じ合える人間をいう。田中克佳編『教育史』川島書店，1987，p.192.

＊3　大学寮には入学資格があり，主に五位以上の貴族の子弟と東西史部（朝廷に仕えた部民）の子弟という制限も存在した。

＊4　明経道：『論語』等，経書を中心に儒教を学ぶ学科。

＊5　別曹と呼ばれる藤原氏の勧学院，和気氏の弘文院，橘氏の学館院，在原氏の奨学院等があった。

1）寄田啓夫・山中芳和編著『日本教育史教職専門シリーズ②』ミネルヴァ書房，1993，p.10.

権国家実現の支えとなる理想的な人間像である賢哲官＊2の養成にも力を注ぎ，遣隋使の派遣や法隆寺（別名学問所）で自ら僧侶への教育も行った。

その後，大化の改新〔645（大化元）年〕により律令国家が成立し，「大宝律令」〔701（大宝元）年制定〕の22カ条の学令により，中央と地方に官僚養成を目的とした学校が設置された。中央の官僚養成機関として設置された大学寮＊3は，儒教を学ぶ明経道＊4から始まった。地方の官僚養成機関として全国の国ごとに設置された国学は，地方の郡司の子弟が対象であった。

大化の改新により貴族階級が登場以降，藤原氏をはじめとする摂関家が台頭し，平安時代に入ると，有力貴族が一族の勢力増大を図るために同族の官僚を増加させるための私的な教育機関＊5を設立した。平安中期になると，貴族にとっての理想的人間像は儒教的教養に加え詩歌や管弦（笛や琴の演奏）に秀でた「三船の才」へと変化していった。しかし，こうした教育機関も武家の台頭によって貴族の政治的権力が弱まるとともに衰退していった。

2）民衆教化のための教育

教育の対象が限定されていた大学寮や別曹等の教育組織とは異なり，828（天長5）年頃，空海は貴族や僧侶，庶民を問わず入学を許可する学校「綜芸種智院」を設立した。そこでは身分に関係なく，儒教，道教，仏教等「全ての学芸に通じて真実の知恵を学ぶ，総合的な全人教育[1]」が目指された。一方，最澄は比叡山で「三家学生式」を制定し，国や民衆の指導者となる僧侶の養成を展開した。

この時期には，日本で最初の公開図書館と位置付けられている石上宅嗣の芸亭や菅原道真が子弟に公開した紅梅殿等，図書館の原型である文庫が誕生している。また，894（寛平6）年に遣唐使が廃止され日本独自の国風化が加速し，「かな」の発達等多方面で国風化が進んだ。

（2）中世の教育思想と制度

鎌倉時代・室町時代からなる中世では，貴族に代わって武家が台頭し，日本で初めての武家政権による封建制度が確立した。中世は，平安末期から鎌倉時代を通じて生じた戦乱の時代から，天下統一事業に至るまでの期間，価値観や教育観の盛衰が激しい時代であった。

1）武士への教育

＊6　家訓の内容や形式は多岐にわたり，仏教的な人生訓や武人としてのあり方，日常生活の規範等が残されている。鎌倉時代では北条重時の「六波羅相模守教子息状」や「極楽寺殿御消息」が有名。

律令制国家の崩壊により地方政治は混乱し，治安が不安定になることで，領主たちは自らの財産や領地を自らの力で守るために一族・郎党を武装させた武

土団を成立させた。武家社会には御恩と奉公による主従関係と家訓[*6]が根幹にあり、奉公の任務は戦場に出て戦うことであるため、武士は絶えず武芸[*7]を磨いていた。鎌倉中期頃になると武士の理想は文武兼備へと変化していった。戦国時代になると、戦乱の中で一族の存続のための教育形態ともいえる家訓が武将の間で盛んになった。

中世を代表する教育施設の一つに金沢文庫と足利学校がある。金沢文庫[*8]は武家のための日本最古の武家文庫であり、私設図書館の役割を担うようになった。室町時代に上杉憲実が再興した足利学校[*9]は、武士へ儒学を中心に易学、兵学の教授等を行い、また、武家教育の指導者や陰陽師等の権威者育成も目的とする学校として存在した。

2）寺院の教育

平安時代から鎌倉時代にかけた、戦乱や飢餓、仏教界での腐敗や堕落に対して、鎌倉新仏教と呼ばれる新仏教[*10]が発生した。新仏教は貴族仏教から民衆仏教へ移行させることで、庶民教化を広げていった。鎌倉末期から室町時代にかけては、公家禅寺としての京都五山と武家禅寺としての鎌倉五山が成立。禅宗寺院で行われた漢文学である五山文学を生み、当時の文化の中心となった。

寺院は子供への教育も担っていた。文武兼備を理想とする武家階層では、跡取りとして男子に読み書き計算の力を授ける必要性が生まれた。しかし、足利学校以外に武士階層に特有の学校が設けられていなかったことから、武士階層の親は、「児」として寺院に子弟を預けて読み書き算を習わせた。寺院では、基礎的な教養や習字の習得のための教科書として『庭訓往来[*11]』が多く用いられていた。その後室町時代に手工業生産や商業活動が活発になると、商人の子弟らも寺院で商業活動に必要な読み書きや算術を学ぶようになった。

日本に初めてキリスト教を伝えた宣教師フランシスコ ザビエルが鹿児島に渡来〔1549（天文18）年〕以降、宣教師たちは布教活動とその実現のために必要な教育機関としてキリシタン学校[*12]を建設した。初等学校では、教徒の子供らに初学の基礎知識として読み書き、作法、唱歌を中心に教育が行われた。

3）庶民文化と世阿弥

室町時代は社会の安定とともに産業が発達し、茶道や華道、能や狂言等の芸能や年中行事等の庶民文化[*13]も花開いた。「鉢かづき姫」等、仏教説話が元になっている物語も含まれていた『御伽草子』の読者層も、これまでの貴族から一般の庶民へと広がっていった。

芸能では、室町前期の能役者であった世阿弥が、父観阿弥の教えに基づき、

[*7] 騎射三物と呼ばれる、疾駆する馬上から弓で三つの的を射る「流鏑馬」、的が笠の「笠懸」、騎射練習の一つである「犬追物」等があった。

[*8] 仏典や漢籍、国書等、多数の蔵書は北条家と僧侶に供された。

[*9] 後に渡来したイエズス会宣教師ザビエルに「坂東の大学」と紹介された。

[*10] 主な宗派に、法然の浄土宗、親鸞の浄土真宗、一遍の時宗、栄西の臨済宗、道元の曹洞宗、日蓮の日蓮宗等があげられる。

[*11] 民衆が使用していた教科書の総称を「往来物」という。『庭訓往来』は室町時代から明治初期にかけて最も普及した往来物の一つ。社会生活に必要なことばや教養が収録されている。

[*12] 約200の教会付属の初等学校に加え、聖職者養成のセミナリヨ（中等教育学校）、コレジヨ（大学）を開設。キリシタン学校では活版印刷術が導入され、「伊曾保物語」等の書物を刊行する等の業績も残している。

[*13] 室町時代になると物語の主人公に再

び変化があった。平安時代の『源氏物語』の主人公は貴族，鎌倉時代の『平家物語』は武士であったが，室町時代の「民話」や「とんち話」には民衆が主人公として登場した。

＊14　現在も生涯学習論や教育論としても読まれている。

＊15　藩校では等級によるクラス分けや試験による進級の仕組み等が整備されていった。

＊16　地理関係は「国尽」や「東海道往来」，産業関係は「商売往来」や「百姓往来」等の往来物があった。他にも算術書の「塵劫記」や，当時，男子の教育と区別されていた女子教育のための教訓書「女大学」や「女論語」等もあった。

＊17　伊藤仁斎の古義堂（堀川塾），荻生徂徠の蘐園学，広瀬淡窓の咸宜園等。

子孫のために7歳から50歳以降までの年齢に応じた教え方や学び方があると説いた能楽書『風姿花伝*14』をまとめた。

2　近世・近代の教育思想と制度

　ここでは時代区分を，江戸時代を近世，明治時代から昭和初期を近代としてそれぞれの時代に行われていた教育に対する理解を深めていく。

（1）近世の教育思想と制度

　近世では江戸時代の身分制を基に，武士と庶民それぞれが異なる教育を学ぶ教育機関と，身分に関係なく高度な教育を行う教育機関が存在した。また幕末期にかけて，西欧諸国の科学技術等を学ぶ気運が高まる時代であった。

1）武士の教育

　国内統一後，徳川家は江戸幕府を開き政治支配体制である幕藩体制を整え，全国の土地と民衆を支配していった。徳川家は封建体制強化のために「武家諸法度」の制定や身分制度を確立し，階級的身分秩序を維持するための思想的な基盤として儒教（朱子学）を採用した。身分制社会により，教育機関は各身分階層に応じて設立され，旗本や御家人等の幕臣のために，幕府直轄の教育機関として昌平坂学問所が設立された。各藩も藩政改革を進める人材育成機関として藩校*15を設立した。これらの教育機関の教育内容は江戸時代初期は漢学と習字が中心であったが，幕末になると国学や洋学等も導入された。他にも藩校に準ずる教育機関として，民衆の入学も認められた郷校も設置された。

2）庶民の教育

　庶民生活の必要性から自然発生的に生まれた教育機関は，中世に寺院の僧侶が行った教育に起源をもつ寺子屋である。領主権力による法度や触書等の文書で命令する支配体制や，貨幣経済・商品経済の発展により，村役人等の上層農民や商人にとって読み書き算が必須の能力となり，庶民にも文字学習の必要性が高まっていった。

　8歳頃に入学する寺子屋では「往来物*16」を使用し，文字学習や様々な社会知識の習得，道徳教育を行った。他にも裁縫や詩歌，漢学等を教えるところもあった。幕末には江戸や大阪のみならず，地方や農山漁村にまで全

図2-1　寺子屋での教育
出典）渡辺崋山『一掃百態図』田原市博物館蔵

国に広く普及し，民衆の識字率も高まっていった。他にも，奉公制度や若者組といった，労働や社会生活の中で「一人前」にむけた人間形成の教育も行われた。

3）私塾等による教育

江戸時代には，学者や僧侶等が自由に私邸に私塾を開設した。私塾は身分により対象者を限定した藩校や，主に子供が対象となった寺子屋とは異なり，士庶の区別なく，自発的な学習者に高度な学問や文芸をあたえる教育機関であった。幕府が儒教や漢学を推奨したことから，江戸時代を通して漢学塾[17]が隆盛したが，洋学塾[18]等も開設された。外国との接触が盛んになる幕末期には，英語やフランス語といったオランダ語以外の西欧の科学技術を学ぶ洋学教育機関も設立され，蘭学は英学へと転換していった。

江戸時代になると日本にも教育思想家が現れた。近江聖人とよばれた陽明学派の中江藤樹や『養生訓』等を記した貝原益軒，庶民の教化を行った心学の祖である石田梅岩や報徳仕法（荒廃した農村の救済）の二宮尊徳等があげられる。

（2）近代の教育思想と制度

近代は日本の教育史における大きな転換期となる時代の一つであった。明治維新により幕藩体制が終了し，明治政府が国家主導による日本で初めての公教育制度を導入し，義務教育制度[19]が成立した。近代は，明治・大正・昭和初期にかけた教育制度の整備と拡充の時代となった。

1）近代教育制度の発足と改革

幕末期に通商を求めた当時の欧米先進諸国が来航した後，開国した明治政府は西洋文明を導入し，国家の近代化を図るために殖産興業や富国強兵を目指し，その基盤となる人材を育成するために日本で最初の近代学校教育制度である学制〔1872（明治5）年〕を発布した。学制はフランスの教育制度をモデルに，全国を8大学区に区分し，中学区，小学区に分け，各学区に大学，中学，小学[20]を設置する三段階の学校体系[21]を規定した。学区は教育行政の単位区画であり，文部省（当時）が統括する中央集権的行政組織であった。新しい教育を進めるための教員養成も重視され，師範学校等の教員養成機関も設立された。政府直轄の師範学校に招かれたアメリカ人マリオン スコットにより，アメリカの小学校の授業形態や教具等を用いながら一斉教授法や庶物指教[22]等の教育技術を学んだ東京師範学校の卒業生たちは，全国

図 2-2　学制発布後の授業風景
出典）鮮斉永濯画『小学入門教授図解』1877.

＊18　緒方洪庵の適塾，シーボルトの鳴滝塾等。

＊19　子供を就学させる義務は第一次小学校令で，学校を設置する義務は第二次小学校令で，就学保障のための条件整備は授業料を無償化した第三次小学校令で整備された。上記の2つの義務と1つの条件整備は制度が成立する条件とされる。

＊20　修業年限は小学は下等・上等各4年，中学は下等・上等各3年，大学は修業年限規定なし。

＊21　これまでの教育機関とは異なり，身分や性別に関係なく同じ教育機関で学ぶ国民皆学を目指した。

＊22　ペスタロッチ（p. 27参照）の教授論に基づく実物（庶物＝object）を提示する教授方法。

各地にその知識や教育技術を伝播していった。

学制発布の前日には日本最初の教育理念ともいうべき学制序文＊23（学事奨励に関する被仰出書）が布告された。西欧諸国とは異なり，産業化以前の段階で国家により公教育制度が導入されたことは，地域の共同体の人間形成システムの中で多くが農業に従事する民衆には受け入れられず，学制発足1年目の就学率は28％程度に留まった2）。そこで，政府は自由民権運動の盛り上がりによる反政府活動への対処や，学制に対する批判や実情との乖離を踏まえた上で学制を廃止し，1879（明治12）年に教育令を公布した。この教育令は，アメリカの地方分権的教育制度をモデルに学区制を廃止し，学校の設置者を町村単位とし，就学義務期間＊24も大幅に短縮する等，教育の権限を地方にゆだね，中央による統制を緩和した方針であったことから自由教育令とも呼ばれた。一方で政府上層部内では，教育令公布前から教育施策の方針に関する徳育論争＊25が展開されていた。

教育令による緩和政策は，学校の建設中止や廃止，就学率の停滞等を起こした。同時に次第に勢いを増した自由民権運動へ対処するために，翌1880（明治13）年に教育令に対する批判に応え，改正教育令（第二次教育令）が公布された。改正教育令では最低3年の就学義務期間や，修身を筆頭に徳育を重視した教育，国家統制の強化がなされた。1886（明治19）年には初代文部大臣の森有礼が校種別の法令として諸学校令（小学校令，中学校令，帝国大学令，師範学校令の総称）を公布した。就学義務期間は4か年となり，教科書の検定制の導入や兵式体操等，軍隊式訓練も導入された。また，小学校令では法令上はじめて義務教育に関する条文＊26が掲げられた。

1889（明治22）年には大日本帝国憲法が発布され，立憲制国家を形成し，教育法規の勅令主義方式（天皇により制定される方式）が成立した。翌1890（明治23）年に公布された第二次小学校令では学校設置義務が規定され，就学義務期間は3年または4年となった。そして，同年の「教育ニ関スル勅語」（教育勅語）の発布により，国民道徳及び国民教育を支柱とする天皇制国家が確立した。

1890年頃には日本でも産業革命が進展し，教育制度全般の充実・調整が求められ，1889（明治22）年に中学校令改正，高等女学校令，実業学校令が公布，帝国大学が各地に新設された。1900（明治33）年に改正された第三次小学校令では就学義務期間が4年に統一され，公立尋常小学校の授業料が無徴収となり就学率が大幅に向上し，1902（明治35）年には就学率が90％を超えた＊27。その後，国定教科書制が導入され，就学義務期間は6年に延長された。教育理論はこれまでの開発教授法の非効率性が指摘されるようになり，一斉教授を中心に知識を一方的に教え込む注入教授法＊28が流布していった。

2）大正新教育運動

　1910（明治43）年から30年代にかけて，教師中心の画一的な教授法を批判し，子供の自発活動を尊重し学習の主体とした児童中心主義，自由主義の欧米新教育思想を指導原理とする教育改造運動として大正新教育運動が展開された。大正新教育運動は新学校として創設された私立小学校[*29]や，師範学校附属小学校[*30]を中心に広まった。他にも鈴木三重吉の『赤い鳥』といった芸術教育運動等も学校教育に大きな影響を及ぼした。一方，資本主義社会経済が本格的に展開する中で都市サラリーマンを中心とする都市中間層[*31]が形成された。新教育運動は，競争社会の中で教育に強い関心をもち，子供の個性や能力を高める教育を期待する都市中間層の保護者の教育要求も反映し，展開していった。しかし，大正デモクラシー運動が高まる中で，国民精神の養成を重視した改革を進める臨時教育会議〔1917（大正6）年〕が設置され，教育の統制強化が進められた結果，大正新教育運動は衰退していくことになった。

　大正期は大学令の公布により，専門学校の大学昇格が認められ，帝国大学のみが大学であった大学観も大きく転換した。さらに，特殊教育や幼児教育の分野においても，制度の整備が図られた時代でもあった。

3）戦時下体制の教育

　1918（大正7）年に学生運動団[*32]が結成され，学生運動が全国的に広がると，政府は学生問題や思想問題に対処するために，国家社会体制の基本を維持するための治安維持法を公布，その後文部省（当時）に学生部や思想局等を設置し，思想弾圧を行っていった。1931（昭和6）年の満州事変以降，日本の教育は戦時体制化が強められていき，1935（昭和10）年には勤労青少年に軍事教育を行うための青年学校が設立された。また，同年に設置された教学刷新評議会の答申を受け，文部省（当時）が刊行した『国体の本義』は皇国民教育の聖典とされるようになった。1937（昭和12）年に内閣直属の諮問機関として設置された教育審議会は戦時教育体制の確立を目指し，教育制度全体の改革へと進んだ。そして，教育審議会の答申を受けた国民学校令〔1941（昭和16）年〕により，小学校は国民学校に改編され，教育内容も教科の統合が図られ，教科書の内容も一新し，皇国民の形成を図ろうとした。その後，太平洋戦争の激化によって学徒生徒の動員や学童疎開等，子供たちが学校教育から引き離されていく中，日本は1945（昭和20）年8月15日にポツダム宣言を受諾し，敗戦を迎えた。

[*29]　柳沢政太郎の成城学園，赤井米吉の明星学園，小原国芳の玉川学園，羽仁もと子の自由学園等がある。

[*30]　兵庫県明石女子師範学校附属小学校で及川平治らが実践した分団式教育，奈良女子高等師範学校附属小学校で木下竹次らが実践した学習法，合科学習等がある。

[*31]　1920年代の新中間層の全国比率は約6％，うち約14%が東京府に居住。
牛島千尋「戦間期の東京における新中間層と「女中」もう一つの郊外化」社会学評論，52巻2号，2001，pp. 266-282.

[*32]　**学生運動団**：東京帝国大学生を中心とする学生運動団体。

3　現代の教育思想と制度

戦後日本社会は民主主義社会へと大きく転換していく。その後，高度成長期，情報化社会へと転換していくに従い，教育内容や方法も変化していく。

（1）新しい教育—民主主義と戦後の教育改革—

敗戦により，日本の教育は学制発布以来の大転換を迎えた。学校制度の根本的立て直しのために，連合国軍最高司令部により戦前の軍国主義・国家主義的教育が排除された。翌 1946（昭和 21）年にアメリカ教育使節団が来日し，約一か月後に日本の教育体制を民主主義の教育理念に基づいて改革すべきことを勧告した報告書を提出した。同年，教育刷新会議[33]は教育文化に関する重要問題を取り扱い，戦後の教育改革に大きな役割を果たした。その後，日本国憲法が公布され，第 26 条で「教育を受ける権利」と義務教育が憲法に明文化された。翌 1947（昭和 22）年には憲法の理念に則った教育基本法が公布され，「人格の完成」を目指す戦後日本の教育理念を法律で定め，法律主義[34]へと転換した。同日に学校教育法も公布され，教育の機会均等の実現，6・3・3・4 制に基づく単線型学校体系の構築，中学校も含む 9 年間の義務教育制度を確立させた。また，国家中心の教育から子供中心の教育へ転換した新しい教育を実施するために，アメリカの教育思想に基づく新教育が導入され，問題解決学習の一つであるプロジェクト型の単元学習等の経験主義的な学習形態が重視された。

（2）高度経済成長期の教育

1955（昭和 30）〜 1973（昭和 48）年の高度経済成長期に先進工業国に飛躍した日本では，経済界[35]からの，経済発展を支える労働者の人的能力の向上や科学技術教育の振興等の教育改革の要求が高まりをみせた。後期中等教育の整備拡充も進み，経済的な発展に伴い高等学校や大学への進学率[36]も上昇した。教育方法もこれまでの経験主義的な教育は「はいまわる経験主義」と批判され，教科内容重視の系統主義カリキュラムへと転換し，学習指導要領の第二次改訂〔1968（昭和 43）年〕では教育の現代化が標榜された。現代化で進められた教育内容の増加・過密や高等教育の能力主義，進学率の上昇は受験戦争を生み，1970 年代後半には詰め込み教育の弊害が起

＊33　米国使節団に協力した日本側教育家委員会を母体として設置された。

＊34　**法律主義**：原則として法律は国会の議決により定められるという考え。

＊35　明治維新以来，政治主導型であった日本の教育改革は，日本経営者団体連盟（経団連）が政府に「新教育制度の再検討に関する要望」を提出〔1952（昭和 27）年〕したのを機に，財界人が加わった。

＊36　高等学校の進学率は 1975（昭和 50）年に 91.9％に達し，1975 年の大学進学率（27.2％）は 1960（昭和 35）年から 15 年で約 20％上昇した。

図 2-3　高度経済成長期の授業風景
出典）多久市役所ホームページ

こり，落ちこぼれや校内暴力，いじめや不登校といった問題を生み出すことになった。こうした状況へ対応すべく，1977（昭和 52）年の第三次改訂では学習指導要領が大綱化され，授業時間数や教育内容が削減されたゆとり路線が明確化された。

（3）生涯学習社会から21世紀へ

　1965（昭和 40）年にポール ラングランが提唱した「Lifelong Education（生涯学習）*37」は世界中に広がり，日本でも 1971（昭和 46）年以降の答申等に盛り込まれた。1984（昭和 59）年に設置された臨時教育審議会でも，科学技術が高度化し，情報化や国際化に伴う新たな学習ニーズや学習意欲の高まりへと多様化への対応が指摘され，学校中心の教育体系から脱却した生涯学習の組織化が強く強調された*38。平成に入った 1991（平成 3）年に日本経済のバブルが崩壊し，雇用情勢の悪化により若年層の失業率や非正規雇用比率が上昇した。学校教育においても第五次改訂学習指導要領〔1998（平成 10）年〕では，ゆとりの中で「生きる力」の育成に向けた方針がとられ，「総合的学習の時間」の創設や授業時数の削減等が行われた。2006（平成 18）年には社会が大きく変化したことを受け，約 60 年ぶりに教育基本法及び学校教育法が改正され，知・徳・体の調和的発達を目指すことが記された。これまで日本の教育も，社会背景や教育課題にかかわりながら幾度も改訂を行ってきた。しかし，日本は西欧と異なり，常に権力の主導のもとに実施され，民衆側から盛り上がる世論に基づいた改革はなされていない。ICT*39 機器という新しい文具が加わった現在以降，どのように変化していくか今後も検証していくことが期待される。

●演習課題
課題 1：子供を教育の中心においた教育方法について調べてみよう。
課題 2：それぞれの時代で求められる教育の違いについて考えてみよう。
課題 3：教育の目的とその時代・社会の主導者との関係を話し合ってみよう。

●参考文献
今津幸次郎他編『新しい教育の原理』名古屋大学出版会，2005.
牛島千尋「戦間期の東京における新中間層と「女中」もう一つの郊外化」社会学評論，52 巻 2 号，2001，pp.266-282.
熊谷一乗『学制改革の社会学』東信堂，1984.
田中克佳編『教育史』川島書店，1987.
中内敏夫『教育思想史』岩波書店，1998.
文部省『学制百年史』1972.
文部省『学制百二十年史』1992.

*37　パリで開催された第 3 回ユネスコの成人教育推進国際委員会でラングランにより提出されたワーキングペーパー「Éducation permanente」では，高度成長社会において「教育は，児童期，青年期で停止するものではない。それは，人間が生きている限り続けられるべきものである」と述べられている。
日本ユネスコ国内委員会『社会教育の新しい方向—ユネスコの国際会議を中心として—』（付録 生涯教育について ポール ラングラン，波多野完治訳）1967，p.75.
「Éducation permanente」は，当初「生涯教育」と訳されたが，現在は「生涯学習」と表現されている。

*38　最終報告で，学校教育における個性重視の原則，国際化や情報化社会への対応，生涯学習体系の構築等を提言している。

*39　第 6 章 p.58 の側注 14 を参照。

コラム　　主体的・対話的で深い学び

　学習指導要領では，子供たちの「生きる力」を育むために，「何を学ぶか」に加え「何ができるようになるか」を目指し，資質能力を高めるために「どのように学ぶか」を重視し，その手段として「主体的・対話的で深い学び」の実現に向けた授業改善が求められています。

　「主体的・対話的で深い学び」には授業改善を進めるための3つの視点があります。1つ目の「主体的な学び」の最終目的は，学校を卒業し大人になったときに，自ら課題を発見し，その課題解決に取り組むことができるようになること，2つ目の「対話的な学び」は協働や対話，考えること等を通して自己の考えを広げ深めていくこと，3つ目の「深い学び」は知識同士をつなげ，質的に向上させ「生きて働く知識」にすることです。

　「主体的・対話的で深い学び」の実現に向けた協働学習として，目的や状況を踏まえた様々な種類のグループワークを授業に取り入れるケースが多くあります。一方で，グループワークを苦手と感じている子供たちも少なくありません。そこには，グループワークの進め方や参加の仕方がわからない不安，周囲との意見の違いや失敗に対する不安，参加意欲の濃淡により生まれる不満や諦め感等，様々な理由があります。このような状況のままでは，いくらグループワークの機会を設けても「対話的な学び」にはつながりません。

　筆者は，「主体的・対話的で深い学び」の実現には，「対話」ができる環境をつくることが大切だと考えています。そのための3つの働き掛けを紹介します。1つ目は「対話」とは何かを共通認識することです。「対話」とは，一方的に自分の考えを押し付けたり他者の意見を押し付けられたりすることではなく，意見や考え方の相違点を「なぜそう考えるのか」と様々な角度から話し合い，「あ，なるほど」と腑に落ちる経験です。2つ目は，グループワークに安心して参加できるように，ルール（進め方や司会，書記等の役割）の説明とルールに則り運営することを共有します。全員が役割を担当し（一人一役），担当した役割に求められる振る舞いを責任をもって行うことで，責任感や主体性の涵養にもつながります。3つ目は，意見を発信できるチームづくりです。腑に落ちる経験（対話）を通して自己の考えを広げ深めていくための土台となります。筆者がチームづくりにアドベンチャーカウンセリング＊を取り入れたところ，多くの学生が「今までもグループワークでたくさん話して，少しずつ関われてきているなと思っていたが，今日の活動で，初めてそれぞれ自身とちゃんと話せた」と，表面的なスキルから深い関わりが構築されたグループワークへと変化し，他者からの学びから自己の学びがより深まったと分析しています。こうした「対話」ができる環境づくりは「主体的・対話的で深い学び」を支えるといえるでしょう。

＊　**アドベンチャーカウンセリング**：個人やグループの行動変容のために行うグループカウンセリングの手法。体験学習のアクティビティを用いる。

第 3 章　西洋教育史

　本章は，古代ギリシャ・古代ローマの時代から近代まで西洋における教育の営みを概説するものである。「教育とは何か」を考えるとき，教職課程履修者であろう読者の大半がイメージする教育は，おそらく，現在の学校教育であろう。しかしながら，そうした国民教育制度のもとでの近代学校教育が成立したのは19世紀以降であり，近代学校教育の歴史はたかだか百数十年しかない。本章では，それぞれの時代，社会の中で，「誰がどこで何を教えたのか」「そこで学んだのは誰なのか」「そうした教育の場はなぜ必要だったのか」について具体的に学習していく。

1　前近代の教育

（1）古代ギリシャの教育

　古代ギリシャでは，紀元前8世紀頃からポリスと呼ばれる都市国家が形成された。ポリスはいずれも，少数の貴族や市民が多数の奴隷を統治することによって成り立つ社会であった。ギリシャ人はこの頃，自らをヘレネスと称し，共通の言語（ギリシャ語）を用いる同一民族という意識をもっていた。

　ポリスの教育は，それぞれの政治体制や抱える課題によって異なった。代表的なポリスの一つであるアテネでは，前5世紀には全市民による直接民主政が確立した。市民は，等しく参政権をもち，「言論」による政治に参加した。政策は，民会[*1]において多数決で決定した。そのためアテネでは，民会での議論で優位に立つために必要な弁論術が求められた。こうした中，登場したのがソフィスト[*2]である。ソフィストは，町から町へと移動しながら，集まってきた青年らに弁論術，修辞学，哲学を教授した。

　アテネでは高度な知識・学問を教授する学塾・学園が設立された。最初の学

*1　**民会**：古代ギリシャ等における国家意思の最高議決機関。アテネの民会は全市民で構成された。

* 2　**ソフィスト**（Sophist）：「知恵ある者」という意味であり，職業弁論家あるいは法廷弁論代作人である。イソクラテス（Isokrates, 前436-前338年）もソフィストであった。代表的なソフィストにプロタゴラス（Protagoras, 前485年頃-前415年頃）がいる。

＊3　プラトン（Platon, 前427-前347）は, 古代ギリシャの哲学者であり, 主著『国家』において理想の社会を論じた。アリストテレス（Aristoteles, 前384-前338）は, 古代ギリシャの哲学者であり, プラトンに学んだ。

　古代ギリシャ世界, アテネでの教育については, 廣川洋一の一連の著作がある。廣川洋一『プラトンの学園アカデメイア』岩波書店, 1980, 廣川洋一『イソクラテスの修辞学校−西欧的教養の源泉』岩波書店, 1984, 廣川洋一『ギリシャ人の教育−教養とは何か』岩波新書, 1990.

＊4　ローマに最初にギリシャ語の修辞学校を開いたのは, プロティウス・ガルス（Plotius Gallus）といわれる。

＊5　帝政期のローマでは, 皇帝による学問や教育への保護と助成は, 次第に干渉を伴うようになり, 425年には学校の設置に皇帝の許可が必要となった。教育に対する公的権力の介入とみることもできる。

＊6　4世紀後半に始まった民族大移動による混乱によって生じた5世紀末の西ローマ帝

塾・学園の一つは, 紀元前390年頃に設立されたイソクラテスの修辞学校である。イソクラテスは, 人間固有の能力である言語能力の涵養による「人間」の形成を目指し, 学生が作成する弁論・論説をイソクラテスだけでなく他の学生を含めて批評・訂正する「集団批評」という教授・学習方法によって修辞学・弁論術を授けた。その他にもこの時期の代表的な学塾・学園としてプラトンのアカデメイアやアリストテレスが設立した学塾リュケイオンがある＊3。

　古代ギリシャの教育・思想は, ヨーロッパのリベラル・アーツへとつながるものであり, のちの学問の発展に大きな影響を与えた。

（2）古代ローマの教育

　イタリア半島の都市国家であったローマは, 近隣の都市国家を征服し, 紀元前3世紀の前半までにイタリア半島全土を, その後紀元前2世紀半ばにはギリシャのポリスを含む地中海全体を制覇するにいたった。古代ローマは, 征服したギリシャから様々な影響を受けた。ローマでは, ギリシャ文字アルファベットを取り入れたエトルリア語から派生したラテン語とギリシャ語とが公用語として用いられた。一方, ローマはギリシャから得られた知識を帝国支配に応用する形でヨーロッパ法等の独自の文化を発展させた。

　古代ローマの教育もギリシャから大きな影響を受けた。ギリシャから連れてこられた奴隷がギリシャ語を教える塾を開いたり, 教師としてローマにやってくるギリシャ人が増えたりした。彼らによってギリシャ語の文法学校や修辞学校が誕生した＊4。その後, ギリシャ語の教育はラテン語の教育にも用いられるようになり, ラテン語の文法学校や修辞学校が出現した。ローマは紀元前27年まで共和政であり, 弁論術や修辞学が政治上の技能として重視された。

　帝政期になると, 古代ローマの教育は皇帝によって保護された。修辞学校の教師は, 公益を免除され, 給与を国庫から提供された。やがて都市では, 公費で学校が設置されるようになった＊5。

（3）中世の教育

　ゲルマン人の大移動の結果, 西ローマ帝国は滅亡し, 多くの部族国家ができた＊6。その一つであるフランク王国は, 8世紀後半にカール大帝が国王に即位し最盛期を迎えた。この時期, フランク王国はローマ教会と深く結び付いていた。というのも, フランク王国は自らの正統性の根拠をローマ教会の権威に頼ったからである。両者の関係は教育にも影響を与えた。

　カール大帝は, キリスト教を中心とした学問を奨励し, ラテン語による古典文化の復興を目指した。彼は, アーヘンにある宮廷に優れた学者を招聘し,

保護した。宮廷は当時，貴族の子供たちにラテン語や教養を授ける教育機関としての役割を果たしていたが，博識な学者たちが集ったカール大帝の宮廷はより高等な教育を授けることができた。宮廷は，学芸の中心地であった[7]。

中世西ヨーロッパにおける学問，教育の伸展は，カール大帝の時代以前からローマ教会と結び付いていた。ローマ教会はゲルマン人への布教を熱心に行い，2世紀初頭にはキリスト教の精神を問答形式で教える問答学校を設けていた。またこの時期の修道院には，聖職者の養成を目的とした修道院学校が付設されていた。そこでは七自由学芸〔文法・弁証法（論理学）・修辞学・算術・幾何学・音楽・天文学〕や神学が教えられた。あわせて，写字・写筆，写本の作成が労働に位置付けられ，学問研究が進むこととなった。修道院には，写字室や図書室が設けられていた。

ローマ教会は，その勢力を拡大していく中で，教皇を頂点とした階層制組織をつくりあげ，それに対応した学校を設置した。司教区の中心となる教会である司教座聖堂には司教座聖堂学校が，司祭が管轄する各教区には教区学校が設置された[8]。司教座聖堂学校では，聖職者の養成を目的として七自由学芸や神学が教えられた。教区学校では，聖書をテキストとした読み書き，簡単な算数，歌唱，典礼，ラテン語の基礎が教えられた。

西ヨーロッパ中世のもう一つの特徴は，封建社会の成立にある。安定した封建社会は，農業生産の増大につながり，生産物の交換によって商業と都市が発達した。11〜12世紀以降，都市は自治権を獲得し自治都市となった。自治都市での自治運営の基礎は，「ウニヴェルシタス」と呼ばれた同業組合にあった。

優れた学者や教師のいる自治都市には，彼らに学びたい若者がヨーロッパ中から集まってきた。イタリア北部の自治都市ボローニャは，優れた法学者たちによって11世紀末頃には法学研究の中心地となっていた。各地からボローニャに集まった学生たちが中心となってウニヴェルシタスを結成した。この学生組合が，教師を雇用し俸給を支払ったり，監督したりした。中世自治都市のこうした知識を学び教える学問の同業組合がやがて大学となった。法学のボローニャ大学，神学のパリ大学，医学のサレルノ大学，パリ大学から派生したオックスフォード大学等である。12世紀にはこうした中世大学が自治都市に誕生していた。大学は，この後，ヨーロッパ各地に広がった[9]。

（4）近世の教育―ルネサンスと宗教改革の時代―

15世紀から始まったヨーロッパ人のアジアやアフリカ大陸への進出，イタリアの都市で始まったルネサンス，16世紀にルター[10]によって始まった宗教改革，これらを背景として，西洋では主権国家体制が形成されていった。

国の滅亡からおよそ1000年にわたる時期を中世という。

[7] カール大帝（Karl I, 742-814）の宮廷であるアーヘンを中心に起こったラテン語による文芸復興運動をカロリング・ルネサンスという。

[8] 司教座聖堂学校，教区学校（礼拝堂学校ともいわれた），修道院学校は，当初は聖職者養成を目的としていたが，次第に聖職志願者以外の世俗の者も受け入れるようになった。ローマ教会と結び付いた学校以外に，都市の発展とともに都市の上層市民や商人らを対象とした学校が誕生した。都市ラテン語学校やドイツ語学校といった日常語の読み書き，算術，ラテン語の基礎等を教える学校である。

[9] 中世大学の誕生については，次の文献を読んでみよう。安原義仁・ロイ ロウ『「学問の府」の起源―知のネットワークと「大学」の形成』知泉書館，2018，児玉善仁『イタリアの中世大学』名古屋大学出版会，2007.

[10] ルター（Martin Luther, 1483-1546）：

神学者であり，1517年に「九十五カ条の批判」を発表してローマ教会を批判した。これが宗教改革を引き起こした。宗教改革によってキリスト教世界は，カトリック教会（旧教徒）とルター派やイギリス国教会を含むプロテスタントに二分した。

＊11　ルネサンスとは，ギリシャ・ローマの古典の研究から生まれた，人間の自由・解放を求める思想である人文主義（ヒューマニズム）をよりどころに，個を尊重し，現世の生活の充実を目指す文化運動である。

＊12　グアリーノ（Guarino de Verona, 1374-1460）と同様に，ヴィットリーノ（Vittorino

Grammar school, c. 1500

図 3-1　中世の文法学校
出典）Lowson J., Silver H., *A social history of education in England*, Routledge, 1973, p.71.

ルネサンス＊11によって誕生した人文主義者たちは，ギリシャ・ローマの古典に学び，その中に人間のもつべき教養を求め，教育についても新たな教育の思想と実践をもたらした。人文主義者のグアリーノは，イタリア北部の都市フェラーラに招かれてフェラーラ大学で修辞学教授として教えながら，学校を開設した。そこで彼は，クインティリアヌスの『雄弁家教育論』を参考に，教育の課程を① ギリシャ語・ラテン語の基礎からはじまる初等段階，② ギリシャ語・ラテン語の文体論・作文といった文法の段階，③ 修辞学の段階の3つに分け，実践した。修辞学の段階では，キケロやクインティリアヌスの作品が学ばれた。文法，修辞，論理の三学の中でも修辞学の学習が重視された。また，グアリーノの学校は全寮制であった。彼の学校には，ヨーロッパ各地から多くの人々が見学に来て，人文主義の教育を学んだ＊12。

16世紀以降，アルプス以北の国々におけるルネサンスの広まりとともに，全寮制の寄宿学校での古典語学習を中心とした人文主義的教育も広がっていった。イギリスでは，ヘンリ6世が貧しくも優秀な少年に無償で人文主義的教育を提供する目的でイートン校を創設したし，人文主義者のコレット＊13がセント・ポール校を設立した。フランスではパリにコレージュ・ド・フランスが，ドイツではギムナジウムが設けられた。ルネサンスによってイタリアで始まった寄宿制の古典語学習による人文主義的教育は，この後，長く続くヨーロッパ中等教育機関の教育となった。

ルネサンスでは，各地の日常語（俗語）で多くの文学作品が生み出され，イタリア語，フランス語，スペイン語，英語，ドイツ語等の基礎ができた。ラテン語の聖書も，各地の日常語に翻訳された。ルターは，1534年に聖書をドイツ語に翻訳している。人々は自ら聖書を読み，神の言葉を聞くことができるようになり，信仰が形成される，とルターは考えた。彼は9歳から10歳までにはイエスの教えである福音を知らなければならないと主張し，すべての子供が学校で読み書きを習い，聖書に触れ，福音を学ぶことができるよう，都市に学校を設立することを求めた。その後ドイツでは，中世末期から設けられてきた教区学校やドイツ語学校と合流する形でプロテスタント派の学校が各地に設立された。またルターは，1529年にキリスト教の教えを問答によって暗記するための『教理問答書（カテキズム）』を著した。教理問答書は，家庭や学校における宗教教育の手引書となった。

一方カトリック教会は，教皇至上主義を確認しつつ内部改革を通じて立て直しに努めた。その中心を担ったのはイエズス会であっ

た。イエズス会は，ヨーロッパや海外で積極的に宣教・教育活動を行った。フランスでコレージュ（中等教育機関）を設立する等，多くの中等・高等教育機関を設立した。またフランスの教区学校は，この時期，子供たちを従順なキリスト教徒とするための宗教教育の場として再編あるいは新設された。こうした民衆を対象とした読み書きとキリスト教教育を行う学校は，「小さな学校」と呼ばれた。

2 近代の教育—市民革命と産業革命—

　18世紀後半に生じた産業革命と市民革命は，西洋に近代世界が成立する契機となった。イギリスで始まった産業革命は，大規模な機械制工場を出現させ，人々の生活を変容させた。アメリカ独立革命とフランス革命は，すべての人の法の下での自由と平等を保障する市民社会の原理を示した。この時期，各国で新しい国家・社会をつくるための教育が構想された。

（1）イギリス産業革命と教育

　産業革命は，1770年代に始まった。紡績機，力織機，蒸気機関等の発明によって機械制工場が出現し，都市に工場で働く労働者を生み出した。そこには，掃除工や繋糸工（けいしこう）として働く体が小さく身軽な子供も含まれた。彼らは，危険で劣悪な環境の中で機械の操業に合わせて働くことを求められた。

　1780年代には，工場での伝染病の発生を契機としてそこで働く子供たちの健康状態や労働環境に社会的な関心が向けられるようになり，1802年に児童保護を目的とした，いわゆる工場法が制定された。そこで雇用主は，雇用する子供に対して読み書き計算の教育と宗教教育を施すことを義務付けられた。さらに1833年の工場法では，労働と通学とを半日ずつ行うハーフタイム制の導入が規定された。子供の教育の責任と実施を規定した最初の法律は，工場法であった。

　イギリスでこの時期に開発，導入された民衆のための教育機関の一つに助教法学校がある。助教法学校は，ベルとランカスタによって同時期に別々に開発された[*14]。いずれも，年長の子供を助教生として用いることで1人の教師が数百人の子供を安価で効率的に教育する学校であった。それが可能になったのは，一つの大きな教場を機能的に区分し，教師と助教生の役割を細分化・分業化し，読み書き計算に限定された教育内容をそれぞれ数段

de Felture）もこの時期の著名な人文主義者である。彼は北イタリアのマントヴィアに招かれて「喜びの家（La Gioiosa）」と呼ばれた全寮制の学校を開き，人文主義の教育を実践した。

*13 **コレット**（John Colet, 1467-1519）：イングランドの人文主義者，学者，ローマ・カトリック協会の聖職者である。

*14 **アンドリュー・ベル**（Andrew Bell, 1753-1838）は，スコットランドの聖公会の牧師であり，教育者である。牧師としてインドのマドラスに派遣されていたときに助教法を実践した。

　ジョセフ・ランカスタ（Joseph Lancaster, 1778-1837）は，ロンドンの南部バラ・ロードに貧しい子供たちのための学校を開設し，助教法を実践した。

図3-2　助教法学校
出典）Seaborne, M., *The English School : Its Architecture and Organization 1370-1870*, Routledge and Kegan Paul, 1971, Plate 22.

＊15　国民協会(National Society for the Education of the Poor in the Principles of the Established Church) は，1811 年に設立された。国民協会が設置した学校をナショナル・スクールという。

内外学校協会(British and Foreign Society) は，1808 年にランカスタらによって設立された「貧民の子供たちの教育を促進するランカスタ協会」を改称した非国教会系の任意団体である。同協会が設置した学校をブリティッシュ・スクールという。

＊16　ジェファソン (Thomas Jefferson, 1743-1826) は，独立宣言を起草し，第3代大統領を務めた。「アメリカ民主主義の父」といわれる。

1779 年に「知識の一般的普及に関する法案」を，1785 年に「ヴァージニア州覚書」を，1814 年に「ピーターカー宛ての書簡」を著しており，そこで国民教育制度案を示した。

＊17　ルソー (Jean-Jacques Rousseau, 1712-78)：フランス革命を導いた思想家である。『エミール』を読んでみよう。

階の水準に分け，いまの教育内容を習得すれば次の教育内容のクラスに進級できるという仕組みを採用したからであった。助教生は，担当するクラスの子供一人一人の教育内容の習得（暗記）の可否を順次確認する役割を担った。

この助教法学校は，国民協会と内外学校協会という2つの任意団体によって設立され，急速に普及した＊15。産業革命期の効率性や機能性の追求に見合った学校であった。しかしながら，1830 年代には，子供の学習意欲の維持の困難さや騒音問題等からその有効性は問題視されるようになり，「ギャラリー方式」（子供の机を階段状に並べて教える方式）へと変わっていった。助教法学校は，民衆の教育への関心が高まる中で，できるだけ多くの子供をいかに効率的に教育するのかという観点から産業革命期に開発された学校であった。

（2）アメリカ独立革命と教育

1775 年，北アメリカの大西洋岸に築かれたイギリスの 13 の植民地は，課税をめぐってイギリス本国に抵抗し，独立戦争を起こした。この戦争に勝利した植民地側は，アメリカ合衆国として独立し，人民主権を基礎とした共和政国家の樹立を目指した。自由で平等な市民が主権をもつ新しい国家を建設するためには，国民に対する教育が不可欠であると考えられた。

建国期のアメリカでは，様々な教育論や教育計画が出された。いくつかの州では教育法案が議会に提出され，議論されている。例えばヴァージニア州では，ジェファソンが州知事在任中に「知識の一般的普及に関する法案」を提出している＊16。そこでは公費で学校を設置・運営し，学区のすべての子供に読み書き計算の初等教育を授けることを構想した。彼は知識や教養を備えた市民が新しい共和国を構成すると捉えており，教育によってそうした市民をつくる必要があると考えた。そのためにすべての子供たちに開かれた教育制度を整備しようとしたのである。また，学校での選抜を通じて能力のある子供を共和国のリーダーに育成する仕組みが必要だと考え，大学までの「給費生」の計画も提示した。この法案は，独立戦争中に提出された法案であり，実際に議会で審議されることはなかったという。とはいえ，他州の教育制度案に影響を与えた。建国期は，新しい国家の発展のために，教養ある市民の育成並びに共和国のリーダーの選抜という課題から公教育制度が構想された。

（3）フランス革命と教育

1789 年に始まったフランス革命は，人権宣言の制定を実現し，絶対王政を倒した市民革命である。革命の理論的基盤となったのは，ルソー＊17 が『社会契約論』で提唱した人民主権である。ルソーは，1762 年に理想の教育のあり

方を論じた『エミール』を刊行した。彼は，子供には固有の子供時代があり，その時期の子供の特徴に応じた養育・教育が必要だと主張したことから，「子供の発見者」といわれる。またルソーは，「大人になって必要となるものはすべて教育によってあたえられる」と考え，「この教育は自然か人間か事物かによってあたえられる」[1]と論じた。ルソーのいう「自然の教育」とは，子供の心身の内的な発達のことであり，人間の教育を自然の教育に一致させなければならないと唱えた。こうした「合自然の教育」は，ペスタロッチやフレーベルといった後の教育思想家に影響を与えた[*18]。

　フランス革命期における新しい社会の形成は，その社会を構成する新しい市民の育成によって実現されると考えられ，教育への関心を高めた。人権宣言制定後1791年に憲法が制定され，すべての国民に等しく共通の教育を無償で政府が提供することが規定された。この条文を具現化するために，その後様々な教育法案が議会に提出された[*19]。例えばコンドルセは，「公教育に関する法案」の中で「学ぶ権利」「教える権利」の自由な行使，教育機会の均等のための男女共学で無償の学校の整備，教育を保障する義務を国家に課す一方で教育の内容や方法について国家は関与しない教育の政治的宗教的中立を唱えた。この時期の法案はいずれも，国家が関与しすべての国民に共通の教育を実施することを提案していた。現実には，厳しい政治状況の中で廃案になり実現はしなかったが，今も続く公教育思想が生み出された。

3　近代国家と国民教育制度の成立

　19世紀に入り，産業化，都市化，民主化の動きが加速し，イギリス，アメリカ，フランスにおいて国民国家への統合が進んだ。国民国家の形成には，均質な国民の育成が必要であり，その役割を国民教育制度が担った。国家が関与する共通の教育機会をすべての国民に開く公教育を通して，国語の読み書きができ，共通の歴史認識や愛国心をもつ均一の国民の形成が目指された。ここでは，アメリカと，イギリスのなかでもイングランドの教育を取り上げる。

（1）アメリカ―公立学校設置運動―

　アメリカでは，1820年代から50年代にかけて北部や北西部の諸州で公立学校（コモン・スクール）の設置を要求する運動が展開された。公立学校設置運動において追求されたコモン・スクールとは，すべての人民に共通の学校であり，富裕層の子供も庶民層の子供も，男子にも女子にも開かれた学校であった。また宗派主義も排除された学校であった。

1）ジャンジャックルソー，今野一雄訳『エミール（上）』〔全3冊〕，岩波文庫，1996年，p.24.

*18　ペスタロッチ（Johann Heinrich Pestalözzi, 1746-1827）：スイスの教育家である。孤児院や自ら設立した学園において社会の変革と貧民の救済に尽力した。

フレーベル（Friedrich Wilhelm August Frobel, 1782-1852）：ドイツの教育思想家である。幼稚園の創始者といわれる。恩物を考案した。

*19　議会に提出された法案には以下のようなものがある。タレイランの「公教育に関する報告」，ロムの「公教育に関する報告と法案」，ルペルティエの「国民教育計画」等である。タレイラン（Charles-Maurice de Talleyrand-Périgord, 1754-1838）はフランス革命から七月王政までの政治家である。コンドルセ（Marie Jean Antoine Nicolas de Caritat Condrcet, 1743-94）は，フランスの数学者で哲学者である。ルペルティエ（Louis-Michel Lepeletier, Marquis of Saint-Fargeau, 1760-93）もフランス

の政治家である。

＊20　ホーレス マン
(Horace Mann, 1796-1858)：マサチュー
セッツ州教育委員会の
初代教育長である。
1837 年から 12 年間，
教育長として公立学校
の設置に尽力した。
「アメリカ公教育の父」
といわれる。

公立学校設置運動の結果，保護者から授業料を徴収しない無月謝学校，教育費を公費で負担するための税制度，宗派性の排除，州監督制度が整えられた。運動を推進したホーレス マン[20]は，教育を受ける権利を人間の自然権的権利と捉えて学齢期の子供に知的訓練や道徳的訓練を受ける権利があると主張し，権利を保障する公立学校に充てる財産税の正当性を財産の公共性という点から説いた。マンはさらに，公立学校の教育水準を確保するために州，タウン，学区がそれぞれに果たす役割と義務を規定し，州が学校の実態を把握し監督する教育行政制度を確立した。マサチューセッツ州では，1852 年に義務就学法が制定され，ここに義務性，無償性，宗派的中立性，州による学校監督を原則とした 8 歳から 14 歳までのすべての子供を対象とした公立学校制度が実現した。

（2）イングランド―国民教育制度の整備―

イングランドで国家による直接的な教育への関与が始まったのは，1833 年の学校建築費の補助からであった。前節で見たように，国民協会と内外学校協会とが学校を設置，運営し，民衆の基礎教育を担っていた。国家は，この 2 つの任意団体が新たに学校を建築する際に，建築費の半額を支出したのである。学校建築費への国庫補助は，任意団体が校舎を建築する際に行う募金活動を助けることを目的にしていた。学校の設置と運営はあくまで任意団体によるというボランタリズムの原則が維持された。

こうした教育へ国庫補助金の支出は，中央教育行政機構の創設を導いた。1839 年に国庫補助金を管理する目的で枢密院教育委員会が設けられ，補助金支給の統制のために視学官による査察を開始した。査察は，国庫補助金を受ける条件となった。次第に国庫補助金支出の対象は，拡大していった。学校の設備備品，教員養成カレッジ，教員の俸給が漸次その対象となった。1846 年に見習い教師制度が導入された。そのため教育への国庫補助金支出額が増大した。こうした状況を改善すべく制定されたのが，1862 年の改正教育令である。同法によって，「出来高払い制」といわれる，子供の出席と読み書き計算の試験結果に基づいて補助金を配分する仕組みが導入された。

こうした状況が変化したのは，1870 年基礎教育法によってである。それまで，学校の設置，運営は 2 つの任意団体に任されていたが，辺鄙な地域には学校がなかったし，大都市では子供の数に対して学校が足りなかった。また貧困によって学校に通っていない子供も一定程度いた。こうした状況を改善すべく，全国を学区に分け，地方税を財源として学校が整備されていない地域に学校を建設し，運営する学務委員会を設置することが規定された。同法によって，全国に学校を普及させ，労働者階級の子供たちに基礎教育を提供すること

が目指された。その後，1880年には就学督促委員会が設けられ，10歳までの強制就学が導入された。就学の対象は，1893年に11歳までに，1899年には12歳までに拡大した。1891年には無償制が導入された。こうして公教育制度が整備され，19世紀末までにすべての子供たちに基礎教育が保障された。

図3-3　学務委員会立学校
（Varna Street Board School, Manchester, 1900）
出典）Seaborne, M., Lowe, R., *The English School*：*Its Architecture and Organization Volume II 1870-1970*, Routledge and Kegan Paul, 1977, Plate 5.

　20世紀に入り，教育への国家関与は中等教育段階へ移っていった。1902年教育法によって，学務委員会が廃止され，中等教育を含む教育行政を管轄する地方教育当局が設置された。地方教育当局は，公立グラマー・スクールを各地に設置した。とはいえ，すべての子供たちが中等教育を受けることができるようになるのは，1944年教育法を待たなければならなかった。

　国民教育制度の整備によって，すべての子供たちが学校に通い，教育を受けることになった。子供たちにとって学校教育の経験は，どのようなものであったのか。暗記学習，学校の規則への黙従，教員の体罰等に反発し，学校を嫌っていた子供たちの姿を描き出す研究もあれば，学校で身に付けた識字能力に感謝したり，厳しい家庭環境の子供を保護したり，労働と分離した生活を送れる学校教育を幸せな経験であったとする研究もある[2]。

　いずれにしても，国民教育制度の確立によって，イングランドだけでなく西洋のすべての子供たちは学校で保護され，教育を受ける時期としての子供期を過ごすこととなった。

2) 岩下 誠・三時眞貴子・倉石一郎・姉川雄大『問いからはじめる教育史』（第1章）有斐閣，2020，スティーブン ハンフリーズ，山田潤・P.ビリングズリー・呉宏明監訳『大英帝国の子どもたち－聞き取りによる非行と抵抗の社会史』柘植書房新社，1990.

●演習課題

課題1：高校の歴史の教科書に教育や学校がどのように記述されているのか調べてみよう。その際，社会のあり方と教育の関係を意識してみよう。

課題2：ルソー，ペスタロッチ，フレーベル等の近代教育思想家の著作を手に取り，各思想に直接触れてみよう。

●参考文献

岩下誠・三時眞貴子・倉石一郎・姉川雄大『問いからはじめる教育史』有斐閣，2020.
尾上雅信編著『西洋教育史』ミネルヴァ書房，2018.
勝山吉章編著，江頭智宏・中村勝美・乙須翼著『西洋の教育の歴史を知る－子供と教師と学校をみつめて－』あいり出版，2011.
藤井千春編著『時代背景から読み解く西洋教育思想』ミネルヴァ書房，2016.

コラム　不登校児童生徒への支援

　文部科学省は，2019（令和元）年10月25日「不登校児童生徒への支援の在り方について（通知）」を出した。そこには，不登校児童生徒への支援の視点として「『学校に登校する』という結果のみを目標にするのではなく，児童生徒が自らの進路を主体的に捉えて，社会的に自立することを目指す必要があること」とし，「社会的自立」へ向けて進路の選択肢を広げる支援をすることの重要性を指摘している。また，不登校が生じないような学校づくりとして，① 魅力あるよりよい学校づくり，② いじめ，暴力行為等問題行動を許さない学校づくり，③ 児童生徒の学習状況等に応じた指導・配慮の実施，④ 保護者・地域住民等の連携・協働体制の構築，⑤ 将来の社会的自立に向けた生活習慣づくりの以上の5点を，不登校を生まない大切な取り組みとしている。ここでいう①〜③は，児童生徒が安心して教育を受けられる魅力ある学校づくりを進めるということである。それは不登校を未然に防止するということにつながる。またそれは，いじめ，暴力行為，体罰等を許さない学校づくりでもあり，児童生徒の学習状況等に応じた指導・配慮の実施が行われているということでもある。

　いずれにしても，不登校児童生徒の思いやそれぞれの状況に合った支援をこそ組織的・計画的に展開することが重要である。以下に，初期対応で重要なアセスメントシートの例をあげる。実態に応じて工夫をこらしてほしい。

【取扱注意】アセスメントシート
本人：【　】年【　】組【名前：　　　　　　　　】（　　）年（　　）月（　　）日（　　）曜日　記録者【　　　　　】
参加者・関係機関名：
(1) 前年度までの欠席日数：【保・幼・こども園：　日】【小1：　日】【小2：　日】【小3：　日】【小4：　日】【小5：　日】【小6：　日】【中1：　日】【中2：　日】
(2) 本年度の欠席日数：【累計：　日】【遅刻：　日】【早退：　日】【4月：　日】【5月：　日】【6月：　日】【7月：　日】【8月：　日】【9月：　日】【10月：　日】【11月：　日】【12月：　日】【1月：　日】【2月：　日】【3月：　日】
(3) 本人の思い：
(4) 保護者の思い：
(5) 関係機関から（情報）：
(6) 目標
(7) 役割分担 ① 【分掌：　　　　　】【機関名：　　　　　】【短期目標：　　　　　　　　　　　　　　　　　】 　　【経過：　　】 ② 【分掌：　　　　　】【機関名：　　　　　】【短期目標：　　　　　　　　　　　　　　　　　】 　　【経過：　　】 ③ 【分掌：　　　　　】【機関名：　　　　　】【短期目標：　　　　　　　　　　　　　　　　　】 　　【経過：　　】
(8) 確認事項：

第 **4** 章 教員の身分と服務

公立学校の教員は地方公務員であるとともに教育公務員でもある。一方，私立学校の教員は学校法人の教員（職員）である。本章は，教員の身分，教員の職務，教育公務員に課せられる職務上の義務・身分上の義務，教員の処分等についての内容を取り上げており，それらはそれぞれ法律により規定されている。

教員の身分と服務は，教員の心構えと関連する内容である。教員を志す学生が，本章の内容を踏まえた教員を目指すよう望みたい。

1 　教員の身分

公立学校教員の身分は，地方公務員であり，教育公務員に当たる。このことを，日本国憲法，地方公務員法，教育公務員特例法，教育基本法から考えていく。私立学校の教員は公務員ではないが，公教育を行うことから，私立学校の教員も公立学校の教員に準じて考えてよいだろう。

（1）全体の奉仕者

> **日本国憲法　第15条**
>
> 公務員を選定し，及びこれを罷免することは，国民固有の権利である。
> 2 　すべて公務員は，全体の奉仕者であつて，一部の奉仕者ではない。
> （3項，4項省略）

日本国憲法第15条に，「すべて公務員は，全体の奉仕者であり，一部の奉仕者ではない」という公務員の本質が規定されている。「全体の奉仕者」とは，「公務員は特定の国民に対する奉仕ではなく，国民全体の奉仕者として公共の

1）『デジタル大辞泉』小学館，2015.

利益の増進のために尽くさなければならないという公職の在り方を示すことば」[1] である。つまり，すべての国民に対して，行政サービスを提供するのが公務員の務めである。

地方公務員法　第 30 条（服務の根本基準）

すべて職員は，全体の奉仕者として公共の利益のために勤務し，且つ，職務の遂行に当つては，全力を挙げてこれに専念しなければならない。

前述したように公立学校の教員は，地方公務員である。地方公務員法第 30 条に服務の根本基準として，「すべて職員は全体の奉仕者として公共の利益のために勤務し」とあり，日本国憲法第 15 条と同様の内容が書かれている。

教育公務員特例法　第 1 条（この法律の趣旨）

この法律は，教育を通じて国民全体に奉仕する教育公務員の職務とその責任の特殊性に基づき，教育公務員の任免，人事評価，給与，分限，懲戒，服務及び研修等について規定する。

＊1　教育公務員特例法：教育公務員の職責の特殊性に基づき，任免，人事評価，給与，分限，懲戒，服務及び研修について規定したもの。

教育公務員特例法＊1 第 1 条に，「教育を通じて国民全体に奉仕する教育公務員の職務とその特殊性に…」と示されている。教育公務員は，教員という職務の特性から「教育を通じて」とあるが，一般行政職と同様に全体の奉仕者である。

地方公務員法と教育公務員特例法の関係について，地方公務員法は一般法，教育公務員特例法は特別法で教育公務員にのみ適用される特例的事項を定めている法律である。「特別法は一般法に優先する」という原則（特別法優先の原理）から，教育公務員特例法は地方公務員法よりも優先する。

（2）教育公務員としての身分

教育公務員の定義は，教育公務員特例法第 2 条に規定されている。

教育公務員特例法　第 2 条（定義）

この法律において「教育公務員」とは，地方公務員のうち，学校（学校教育法（昭和 22 年法律第 26 号）第 1 条に規定する学校及び就学前の子どもに関する教育，保育等の総合的な提供の推進に関する法律（平成 18 年法律第 77 号）第 2 条第 7 項に規定する幼保連携型認定こども園（以下「幼保連携型認定こども園」という。以下同じ。）をいう。以下同じ。）であつて地方公共団体が設置するもの（以下「公立学校」という。）の学長，校長（園長を含む。以下同じ。），教員及び部局長並びに教育委員会の専門的教育職員をいう。

　この法律によると，教育公務員は，学校教育法第1条に規定されている学校のうちの公立学校と公立の幼保連携型こども園の学長，校長，園長，教員，教育委員会の専門的教育職員のことである。

　学校教育法第1条に規定する学校は，幼稚園，小学校，中学校，義務教育学校，高等学校，中等教育学校，特別支援学校，大学及び高等専門学校のことであり，私立学校も含んでいる。

（3）教育基本法における教員

> **教育基本法　第9条（教員）**
>
> 　法律に定める学校の教員は，自己の崇高な使命を深く自覚し，絶えず研究と修養に励み，その職責の遂行に努めなければならない。
> 2　前項の教員については，その使命と職責の重要性にかんがみ，その身分は尊重され，待遇の適正が期せられるとともに，養成と研修の充実が図られなければならない。

　教育基本法[*2]第9条における教員は，公立学校，私立学校の教員のことである。「学校の教員は，崇高な使命を深く自覚し，絶えず研究と修養に励み，その職責の遂行に努めなければならない」とあるのは，教員は単に知識を教えるだけでなく，教育者として，幼児児童生徒に直接関わり，幼児児童生徒の成長に影響を与える存在であるからである。そのため，教員はこの使命を自覚し全うするために自ら資質の向上を図るため，絶えず研究と修養に励む必要がある。

　各校種の学習指導要領等の改訂[*3]に伴い小学校では外国語の教科化，プログラミング教育の導入，高等学校では探究科が新設された。また，タブレットを使った学習が実施される等，時代とともに教育内容が変化している。教員は，いじめや不登校等の今日的な教育課題についても対応する資質能力が必要である。このようなことからも，教員は常に新しい知見を得るべく学び続けなければならないのである。

2　教員の職務と服務

（1）教員の職務

　これまであなたが通っていた学校や園の先生は，どのような仕事をされていたか思い浮かべてみよう。授業や保育以外にも部活動，トラブルや問題行動の対応，保護者連携，成績処理，給食指導，清掃指導，教材作成，授業や保育の

*2　**教育基本法**：2006（平成18）年12月22日に公布，施行された。1947（昭和22）年に公布，施行された旧教育基本法を全面的に改正したもの。改正の背景には，情報化社会，国際化，科学技術の進展，少子高齢化等の社会の変化がある。今日求められる教育の目的，理念，教育の実施に関する基本的事項等を定めている。「教育憲法」と称されるように教育の根本理念を定めたものである。

*3　幼稚園教育要領（平成29年告示），小学校学習指導要領（平成29年告示），中学校学習指導要領（平成29年告示），高等学校学習指導要領（平成30年告示）。

ための準備等，多くの仕事をしていたと思う。

学校教育法に基づく幼稚園，小学校，中学校，高等学校等の教員の職務に関する内容を表にまとめた。

表4-1　学校教育法に基づく各校種の教員の職務に関する内容

幼稚園	学校教育法 27 条 9 項 教諭は，幼児の保育をつかさどる。
小学校	学校教育法 37 条 11 項 教諭は，児童の教育をつかさどる。
中学校	学校教育法　第 49 条 (前略) 第 37 条から第 44 条までの規定*4 は，中学校に準用する。(後略)
高等学校	学校教育法　第 62 条　(前略)…高等学校に準用する。(後略)

＊4　このことは，小学校の規定を中学校に当てはめるという意味。小学校，中学校，高等学校の教諭は，児童生徒の教育をつかさどるということになる。

学校教育法によると，教員の職務は「保育や教育をつかさどる」とあるが，このことは，「教育＝授業」という限定的な教育を指すのではない。教員の職務には，教育に関わる様々な活動や事務的な業務，学校の管理運営等の業務が含まれている。

文部科学省の資料では，「職務と校務」について以下の表にまとめられている。

表4-2　教職員の職務と校務

職務	校務のうち職員に与えられて果たすべき任務・担当する役割
	① 児童生徒の教育　② 教務　③ 生徒指導　④ 会計等の事務 ⑤ 時間外勤務としての非常災害時における業務等

校務	学校の仕事全体を指すものであり，学校がその目的である教育事業を遂行するため必要とされるすべての仕事
	① 教育課程に基づく学習指導などの教育活動に関する面 ② 学校の施設設備，教材教具に関する面 ③ 文書作成処理や人事管理事務や会計事務などの学校の内部事務に関する面 ④ 教育委員会などの行政機関やPTA，社会教育団体など各種団体との連絡調整などの渉外に関する面等

出典）文部科学省「第 8 回教職員給与の在り方に関するワーキンググループ配付資料 5 教員の職務について」2006.

学校・園では，このように様々な職務や校務があり，学校運営等，学校全体に関わる仕事を教員が役割分担している。このことを校務分掌という。それぞれ校務分掌担当教員が中心となり，各事業を企画・立案し，会議で提案しながら学校運営を担っている。校務，校務分掌については学校教育法と学校教育法施行規則に規定されている。

学校教育法 37 条 4 項[*5]

校長は，校務をつかさどり，所属職員を監督する。

校長は，「校務をつかさどる」とあるが，すべての校務を校長が直接的に担当することは不可能である。そのため，校長は校務の最終的な権限をもち，これらの校務を教職員に役割分担させて行うことになる。

学校教育法施行規則 第 43 条（校務分掌）

小学校においては，調和の取れた学校運営が行われるためにふさわしい校務分掌の仕組みを整えるものとする。

この規定は，校長が職員に校務を分掌させることができる根拠となっている。法令上，校務掌理権[*6]は校長にあり，教職員が担当の校務を校長に代わって行うことになる。

（2）教員の服務

服務とは，仕事をする上で，公務員としての身分に伴い守るべき義務，規律のことである。服務には，勤務時間中に職務を遂行する上で守るべき義務（職務上の義務）と職務の内外を問わず公務員がその身分を有することにより守るべき義務（身分上の義務）がある。服務については，地方公務員法「第3章第6節　服務」第30～38条に規定されている。

地方公務員法　第 30 条（服務の根本基準）

すべて職員は，全体の奉仕者として公共の利益のために勤務し，且つ，職務の遂行に当つては，全力を挙げてこれに専念しなければならない。

地方公務員法第30条は，服務の根本基準であり，前半部分は，日本国憲法第15条「全体の奉仕者」に関連する内容で，後半は「職務の遂行」についてである。

1）職務上の義務

職務上の義務とは，勤務時間中に守るべき義務のことであり，次の3つである。

① 服務の宣誓の義務

地方公務員法　第 31 条

職員は，条例の定めるところにより，服務の宣誓をしなければならない。

---

*5　学校教育法第37条4項は小学校についての規定だが，中学校・高等学校に準用する。幼稚園は，第27条4項に「園長は，園務をつかさどり，所属職員を監督する」とある。

*6　**校務掌理権**：学校教育法37条4項に「校長は校務をつかさどり」とあり，校長はすべての校務を掌握し，処理する権限と責任を持っていること。

　図4－1は，教育公務員用の「服務の宣誓」の例である。公立学校の教員として採用されると，まず，書面で服務の宣誓を行うことになる。

```
宣　誓　書

　私は，ここに，主権が国民に存することを認める日本国憲法
を尊重し，且つ，これを擁護することを固く誓います。
　私は，地方自治及び教育の本旨を体し，全体の奉仕者として，
法律に従い，公務を民主的且つ能率的に運営すべき責務を深く
自覚し，誠実且つ公正に職務を執行することを固く誓います。


　　年　　月　　日

　　　　　　　　　　　　　　　　　　氏　　名
```

図 4-1　服務の宣誓例

出典）神戸市教育委員会「職員の服務の宣誓に関する規則の一部改正について」2021.

②　法令等及び上司の職務上の命令に従う義務

地方公務員法　第 32 条

　職員は，その職務を遂行するに当つて，法令，条例，地方公共団体の規則及び地方公共団体の機関の定める規程に従い，且つ，上司の職務上の命令に忠実に従わなければならない。

　法令遵守については当然のことである。公務員の職務に関わる上司の命令を職務命令といい，職務に関わる内容に限られる。管理職から教員への指導や助言は職務命令に当たらない。職務命令とは上司から部下職員に対して発する命令で，次の2つに分けられる。

　　職務上の命令：職務上の上司である校長，副校長，教頭から発せられる命令である。

　　身分上の命令：身分上の上司である校長，教育長，教育委員会（職員の任免，懲戒等その身分取扱いについて権限を有する）から発せられる命令である。

　一般的な職務命令として出張命令，研修命令がある。その他に，時間外勤務命令がある。原則，管理職から時間外勤務を命じることができないが，次にあげる超勤4項目に関して時間外勤務を命じることができる。この権限は校長にある。

「公立の義務教育諸学校等の教育職員を正規の勤務時間を超えて勤務させる場合等の基準を定める政令（平成15年政令第484号）」

2　教育職員に対し時間外勤務を命ずる場合は，次に掲げる業務に従事する場合であって臨時又は緊急のやむを得ない必要があるときに限るものとすること。

　イ　校外実習その他生徒の実習に関する業務

　ロ　修学旅行その他学校の行事に関する業務

　ハ　職員会議に関する業務

　ニ　非常災害の場合，児童又は生徒の指導に関し緊急の措置を必要とする場合その他やむを得ない場合に必要な業務

③　職務に専念する義務

地方公務員法　第35条

職員は，法律又は条例に特別の定がある場合を除く外，その勤務時間及び職務上の注意力のすべてをその職責遂行のために用い，当該地方公共団体がなすべき責を有する職務にのみ従事しなければならない。

公務員は，税金から給与を受けている。このことから勤務時間中は，全力で職務に専念するのは当然である。たとえ短時間であっても，勤務時間中に私用で外出等をしてはいけない。このような場合は，年次有給休暇*7を取得することになる。また，勤務時間中にパーソナルコンピュータ，スマートフォン等で職務に関係のないWebサイトの閲覧，SNSの利用等も禁止である。

*7　年間の休暇を使い切るまでは，1時間単位で休みを取得することができる。

2）身分上の義務

身分上の義務は，勤務時間の内外を問わず，プライベートな時間を含めて当然守るべき義務のことで，一部の義務は，身分を失っても（退職しても）守らなくてはならない。もし，違反をすれば，その影響は本人だけでなく，公務員（教員）全体に及び，信頼を失うことになる。身分上の義務は，次の5つである。

①　信用失墜行為の禁止

地方公務員法　第33条

職員は，その職の信用を傷つけ，又は職員の職全体の不名誉となるような行為をしてはならない。

公務員としての信用を傷つけ，不名誉となるようなことをしてはいけない。もちろん，勤務時間外においても同様である。公務員の不祥事は，社会的に信用を失墜することになる。特に，教育者は一般の地方公務員よりも厳しい規範が求められる。

②　秘密を守る義務

地方公務員法　第34条

職員は，職務上知り得た秘密を漏らしてはならない。その職を退いた後も，また，同様とする。

2　法令による証人，鑑定人等となり，職務上の秘密に属する事項を発表する場合においては，任命権者（退職者については，その退職した職又はこれに相当する職に係る任命権者）の許可を受けなければならない。

3　前項の許可は，法律に特別の定がある場合を除く外，拒むことができない。

学校は，家庭調査票，健康診断表，指導要録，名簿，出席簿等，多くの個人情報を保有している。また，教員は日常の業務で幼児児童生徒の成績や家庭状況等の個人情報やプライバシーを業務上知ることになる。これらの情報が学校から漏れることがあってはならない。転勤や退職した後も，引き続き秘密を守らなければならない。個人情報の取り扱いについては，個人の情報の保護に関する法律（個人情報保護法）に規定されている。

③　政治的行為の制限

地方公務員法　第36条

職員は，政党その他の政治的団体の結成に関与し，若しくはこれらの団体の役員となつてはならず，又はこれらの団体の構成員となるように，若しくはならないように勧誘運動をしてはならない。

2　職員は，特定の政党その他の政治的団体又は特定の内閣若しくは地方公共団体の執行機関を支持し，又はこれに反対する目的をもつて，あるいは公の選挙又は投票において特定の人又は事件を支持し，又はこれに反対する目的をもつて，次に掲げる政治的行為をしてはならない。ただし，当該職員の属する地方公共団体の区域（当該職員が都道府県の支庁若しくは地方事務所又は地方自治法第252条の19第1項の指定都市の区若しくは総合区に勤務する者であるときは，当該支庁若しくは地方事務所又は区若しくは総合区の所管区域）外において，第1号から第3号まで及び第5号に掲げる政治的行為をすることができる。（後略）＊下線部は筆者

＊8　**教育公務員特例法　第18条**：公立学校の教育公務員の政治的行為の制限については，当分の間，地方公

公務員は，全体の奉仕者であり，一部の奉仕者でないため政治的な中立が求められている。法令の下線部から地方公務員の場合，「勤務する地域以外で，部分的に政治的行為を行うことができる」とあるが，教員の場合は，教育公務員特例法第18条＊8（公立学校の教育公務員の政治的行為の制限）により国家公務

員と同様に政治的行為は禁止である。

④　争議行為等の禁止

--- 地方公務員法　第37条 ---

　職員は，地方公共団体の機関が代表する使用者としての住民に対して同盟罷業，怠業その他の争議行為をし，又は地方公共団体の機関の活動能率を低下させる怠業的行為をしてはならない。又，何人も，このような違法な行為を企て，又はその遂行を共謀し，そそのかし，若しくはあおつてはならない。

（2項省略）

　争議行為には，同盟罷業（ストライキ），怠業（サボタージュ）等があり，これらの争議行為は禁止である。争議権は日本国憲法に保障された労働三権[*9]の一つであるが，公務員の特殊性と職務の公共性により禁止されている。

⑤　営利企業への従事等の制限

--- 地方公務員法　第38条 ---

　職員は，任命権者の許可を受けなければ，商業，工業又は金融業その他営利を目的とする私企業（以下この項及び次条第1項において「営利企業」という。）を営むことを目的とする会社その他の団体の役員その他人事委員会規則（人事委員会を置かない地方公共団体においては，地方公共団体の規則）で定める地位を兼ね，若しくは自ら営利企業を営み，又は報酬を得ていかなる事業若しくは事務にも従事してはならない。ただし，非常勤職員（短時間勤務の職を占める職員及び第22条の2第1項第2号に掲げる職員を除く。）については，この限りでない。

2　人事委員会は，人事委員会規則により前項の場合における任命権者の許可の基準を定めることができる。

　公務員は全体の奉仕者であること，また，職務専念義務があることから，営利企業に従事することは原則禁止である。しかし，教育公務員の場合は，教育公務員特例法第17条により，「教育に関すること」について（ただし，非常勤講師は適用されない），「本務の遂行に支障がないと任命権者において認める場合」は兼業することができる。

務員法第36条の規定にかかわらず，国家公務員の例による。

*9　労働三権：団結権，団体交渉権，団体行動権（争議権）を指す。日本国憲法第28条に労働者の権利として認められている。

> **教育公務員特例法　第 17 条（兼職及び他の事業等の従事）**
>
> 　教育公務員は，教育に関する他の職を兼ね，又は教育に関する他の事業若しくは事務に従事することが本務の遂行に支障がないと任命権者（地方教育行政の組織及び運営に関する法律第 37 条第 1 項に規定する県費負担教職員については，市町村（特別区を含む。以下同じ。）の教育委員会。第 23 条第 2 項及び第 24 条第 2 項において同じ。）において認める場合には，給与を受け，又は受けないで，その職を兼ね，又はその事業若しくは事務に従事することができる。
>
> （以下省略）

　職務上の義務・身分上の義務をまとめると表 4-3 のようになる。

表 4-3　教員の職務上，身分上の義務

職務上の義務	服務の宣誓（地方公務員法第 31 条）
	法令等及び上司の職務上の命令に従う義務（地方公務員法第 32 条）
	職務に専念する義務（地方公務員法第 35 条）
身分上の義務	信用失墜行為の禁止（地方公務員法第 33 条）
	秘密を守る義務（地方公務員法第 34 条）
	政治的行為の制限（地方公務員法第 36 条）
	争議行為等の禁止（地方公務員法第 37 条）
	営利企業への従事等の制限（地方公務員法第 38 条）

3　教職員の処分

> **地方公務員法　第 29 条（懲戒）**
>
> 　職員が次の各号の一に該当する場合においては，これに対し懲戒処分として戒告，減給，停職又は免職の処分をすることができる。
> 一　この法律若しくは第 57 条に規定する特例を定めた法律又はこれに基く条例，地方公共団体の規則若しくは地方公共団体の機関の定める規程に違反した場合
> 二　職務上の義務に違反し，又は職務を怠つた場合
> 三　全体の奉仕者たるにふさわしくない非行のあつた場合
> （2 項〜 4 項省略）

　　　　公務員の懲戒処分とは，公務員の義務違反や服務規律違反に対して科せられる処分のことであり，地方公務員法第 29 条第 1 項で，懲戒処分の対象となる行為が定められている。法律上の処分として「戒告」「減給」「停職」「免職」がある。その他に，懲戒処分に当たらない軽い処分として「厳重注意」，「訓

告」がある（表4-4）。これまで述べてきたように，教育に携わる公務員は，幼児児童生徒・保護者・地域住民からの信頼が大切であり，社会人としてのマナーやモラルだけではなく，服務義務の遵守，高い倫理観が求められる。ひとたび不祥事が起これば，信頼関係は大きく損なわれ，幼児児童生徒や保護者のみならず，教育界への信頼を失墜させることにつながる。

表4-4 処分の種類

処分	厳重注意	訓告よりもさらに軽い処分。
	訓告	法律に基づく処分ではない。戒告よりも軽い処分。
懲戒処分	戒告	過失や非行等に対し口頭または文書でいましめ，注意する処分。
	減給	一定の期間，給与が減額される処分。
	停職	職員としての身分を保有するが一定の期間その職務に従事させない処分。原則その期間は無給。
	免職	公務員の職を失わせる処分。退職手当も支給されない。懲戒処分によって行われたものを懲戒免職という。

文部科学省のホームページ*10 に，各都道府県・政令都市ごとの懲戒処分の基準が掲載されている。公務員の懲戒処分はマスコミで報道されることがよくある。具体的な処分の事例を紹介する。

事例4-1 暴言による処分

授業に関係のない発言をした男子児童に「お前はロボット以下だ」「家に帰ってしまえ」等と発言した教諭が6か月の減給処分を受けた。

学校教育法第11条*11 に，「体罰は許されないが，教育上必要があると認められるときには懲戒を加えることができる」と明記されている。懲戒は幼児児童生徒の問題行動の反省を促すための行為であり，口頭注意もこれに該当する。懲戒については，学校教育法施行規則第26条*12 に規定されている。この教師の言動は，懲戒を超えた明らかに不適切な指導である。暴言や行き過ぎた指導は，体罰概念*13 に含まれないが，体罰と同様，教育上不適切な行為であり許されない。

●演習課題

課題1：教員の職務上の義務を3つ，身分上の義務を5つあげてみよう。
課題2：法律上の懲戒の種類を4つあげてみよう。
課題3：教員の心構えについて自分の考えをまとめ討論してみよう。

＊10 文部科学省ホームページ

＊11 **学校教育法第11条**：校長及び教員は，教育上必要があると認めるときは，文部科学大臣の定めるところにより，児童，生徒及び学生に懲戒を加えることができる。ただし，体罰を加えることはできない。

＊12 **学校教育法施行規則第26条**：校長及び教員が児童等に懲戒を加えるに当つては，児童等の心身の発達に応ずる等教育上必要な配慮をしなければならない。（2項～5項省略）

＊13 文部科学省ホームページ

コラム ✂ いじめ問題対応

　2011（平成23）年10月に滋賀県大津市で中学２年生がいじめにより自殺したことが大きな社会問題となった。このことを受け，2013（平成25）年６月28日に「いじめ防止対策推進法」が成立し，施行（同年９月28日）された。この法律でいじめは，「児童等に対して，当該児童等が在籍する学校に在籍している等当該児童等と一定の人的関係にある他の児童等が行う心理的又は物理的な影響を与える行為（インターネットを通じて行われるものを含む）であって，当該行為の対象となった児童等が心身の苦痛を感じているものをいう」と定義された（「児童等」は児童または生徒）。いじめが起こった場所は学校の内外を問わない。

　いじめ対応のキーワードは，「未然防止，早期発見，早期対応」である。学校は，「いじめは，命に係わる重大な事案であること，決して許される行為ではないこと，どの学校にも起こり得ることを認識すること」が重要で，児童生徒を被害者にも加害者にもさせないことを肝に銘じ，この問題に取り組まなければならない。

　いじめの未然防止は，児童生徒同士，児童生徒と教員が信頼関係にあり，お互いの人権が尊重され，温かく居心地がよい学級，いじめを許さない学級経営を心掛けることである。

　いじめの早期発見については，いじめは，気付かないでいるとエスカレートすることがよくある。日頃から，教員自身がアンテナを張り巡らせ，児童生徒が発するわずかなサインを見逃さないようにし，早期発見に努めることである。いじめを受けている児童生徒は，誰にも相談できないで悩んでいる場合がよくある。学校では，定期的にいじめに関するアンケートを実施し，いじめ発見の手立てとしているが，それ以外にもスクールカウンセラーへの相談の仕方や24時間子供SOSダイヤル（文部科学省　0120-0-78310）等の相談する窓口を児童生徒に知らせしておくことが必要である。

　いじめ事象の対応については，いじめられている児童生徒を徹底して守り抜くという視点が大切で，担任一人が抱え込むのではなく，管理職も含めた組織での対応，関係機関との連携，丁寧な指導・支援をしていくことが重要である。

　事実関係の把握で，いじめの相談に来た児童生徒，いじめを知らせに来た児童生徒から話を聞く際，他の児童生徒の目に触れないよう，場所や時間等を配慮するとともに，いじめを受けた児童生徒といじめを行った児童生徒を別々の場所にし，複数の教員等で聞き取りをする。また，必要に応じて友人関係からも話を聞き情報収集に努めることが大切である。

　いじめは単に謝罪をもって「解消」したとみなさないことである。いじめが「解消している」かどうかは，① いじめに係る行為が止んでいること（少なくとも継続して３か月間），② いじめを受けた児童生徒が心身の苦痛を感じていないこと，の両方が満たされていることを確認しなければならない。

第 **5** 章　**教員の資質向上と研修**

　本章では，現代の教員として求められる資質能力とは何かについて理解する。教育には「不易と流行」の部分があり，教育の本質と教育の動向について把握する必要がある。その上で，資質能力を高めるために必要な研修について整理し，理解する。教職としての学びにはゴールはなく，常に「学び続ける」ことが大切である。研修の意義，目的，内容について整理し，理解するとともに，自己の強み，弱みを把握し，自ら学び続ける姿勢と目標を立てることも視野に入れて学習していく。

1　資質能力の「不易」と「流行」

　教育の世界では，「不易」と「流行」＊1 という言葉がよく使用される。「不易」とは，昔から不変のものであり，教育においては本質的な事柄である。中央教育審議会（p.112，側注4参照）答申 1) では教育の不易について「豊かな人間性，正義感や公正さを重んじる心，自らを律しつつ，他人と協調し，他人を思いやる心，人権を尊重する心，自然を愛する心など」をあげ，「それぞれの国の教育において，子供たちにその国の言語，その国の歴史や伝統，文化などを学ばせ，これらを大切にする心をはぐくむこと」も不易であるとしている。これらを幼児児童生徒に培う上で，教職を目指す者として今一度，自分自身の資質を振り返ることが大切である。

　一方，「流行」とは，教育や幼児児童生徒を取り巻く社会の情勢や社会からの要請に応じてその都度，取り入れていくものである。同じく答申では，「急激に変化していくと考えられる社会の中にあって，これからの社会の変化を展望しつつ，教育について絶えずその在り方を見直し，改めるべきは勇気を持って速やかに改めていくこと，とりわけ，人々の生活全般に大きな影響を与えるとともに，今後も一層進展すると予測される国際化や情報化などの社会の変化

＊1　**不易流行**：松尾芭蕉が弟子の去来らに対して，俳諧の理念について述べたもの。『去来抄』には，「不易を知らざれば基立ち難く，流行を知らざれば風新たならず」「蕉門に千載不易の句，一時流行の句いふあり。是を二つに分けて教え給へる，其の基は一つなり」とある。つまり，不易も流行もどちらも必要なことであり，その根本のところではつながっているということである。教育においても，不易と流行は対立軸として捉えるのではなく，教育の根本でつながっていることを押さえておく必要がある。

43

1）中央教育審議会「21世紀を展望した我が国の教育の在り方について（答申）」1996.

＊2　第6章 p.58，側注15を参照。

に教育が的確かつ迅速に対応していくこと」を重視している。昨今の教育関連のニュースを想起してもわかるように「道徳教育の教科化」「小学校における英語教育」「プログラミング学習」「GIGAスクール構想＊2による取組」等，教育内容，教育方法等の変容は著しいものがある。ここでは，このような教育の不易と流行を理解し，今求められている教員の資質能力について整理していく。

（1）教育を取り巻く社会の情勢

現代の子供たちには，どのような社会（未来）が待っているのであろうか。中央教育審議会の論点整理[2]の資料より探ってみる。

2）中央教育審議会「教育課程企画特別部会論点整理」2015, p.1.

① 少子高齢化の進行により65歳以上の割合が総人口の約3割に達する。
② グローバル化や情報化が一層進展し，予測不能な社会となる。
③ 現在存在する職業のうち，半数近くが自動化される。
④ 児童生徒の65％は，将来，今は存在しない職業に就く可能性がある。
⑤ 人工知能（AI）が台頭し，技術革新が一層進展する。

また，海外の調査研究では，2007（平成19）年生まれの日本の子供の半数が107歳より長く生きると推計されている[3]。

3）文部科学省「人生100年時代構想会議 中間報告」2017, p.1.

（2）幼児児童生徒に求められる力

このような社会に生きる幼児児童生徒に必要な力とはどのようなものであろうか。身近にいる子供たちを思い出してほしい。「習っていないからわからない」「どうせ自分には無理だからやらない」「このやり方で良いか教えてほしい」等の考え方をしている子供はいないだろうか。もし，このような考え方や生き方をしている子供たちが，上述の社会に飛び込んだとき，あまりにも人生は辛く長い。予測不能な時代に生きる子供には，受け身ではなく自ら社会や課題に立ち向かっていく力が必要である。次の答申の文章を読んで，どのような幼児児童生徒を育てなければいけないのか，具体的に考えてみてほしい。

子供に必要な力について

　解き方があらかじめ定まった問題を効率的に解いたり，定められた手続を効率的にこなしたりすることにとどまらず，直面する様々な変化を柔軟に受け止め，感情を豊かに働かせながら，どのような未来を創っていくのか，どのような社会や人生をよりよいものにしていくのかを考え，主体的に学び続けて自ら能力を引き出し，自分なりに試行錯誤したり，多様な他者と協働したりして，新たな価値を生み出していくために必要な力を身に付け，子供たち一人一人が，予測でき

ない変化に受け身で対処するのではなく，主体的に向き合って関わり合い，その過程を通して，自らの可能性を発揮し，よりよい社会と幸福な人生の創り手となっていけるようにすることが重要である。

出典）中央教育審議会「幼稚園，小学校，中学校，高等学校及び特別支援学校の学習指導要領等の改善及び必要な方策等について（答申）」2016, p. 10.。

　このような力を育てるためには，上記答申にも書かれている「試行錯誤」することが何よりも大切である。失敗を厭（いと）わない，失敗から学ぶ，そして最適解や納得解を生み出す力，こうした力を子供に育成することがこれからの教員には求められている。

（3）教員に求められる資質能力

　では，このような幼児児童生徒を育てるために，教員に必要な資質能力とは何か。教員の資質能力については，様々な審議会等で提言されている。それは，これからの教育を担う教員の力が子供たちの未来を左右するといっても過言ではないからである。例えば，教育職員養成審議会では，今後，特に求められる資質能力等について，図 5-1 の内容のように提言している。

　また，中央教育審議会答申〔2005（平成 17）年〕[4]では，「優れた教師の条件」をあげている。これらの資質能力や条件をみると，一朝一夕で培われる資質能力ではなく，学生の段階でも研鑽（けんさん）を積んでおく必要がある。例えば，教育実習，ボランティア活動や福祉体験活動，子供たちとのふれあい活動，サークルやクラブ活動等，多岐にわたる実践的な経験を積むことが求められている。学生時代におけるこのような経験は教職には貴重な体験であり，そこから自分自身にどのような力が身に付いたのか，あるいは今後，どのような力を身に付けなければならないのかを自己評価しておくことが大切である。

4）中央教育審議会「新しい時代の義務教育を創造する（答申）」2007, p. 19.

優れた教師の条件

1. 教職に対する強い情熱：教師の仕事に対する使命感や誇り，子どもに対する愛情や責任感など。
2. 教育の専門家としての確かな力量：子ども理解力，児童・生徒指導力，集団指導の力，学級づくりの力，学習指導・授業づくりの力，教材解釈の力など。
3. 総合的な人間力：豊かな人間性や社会性，常識と教養，礼儀作法をはじめ対人関係能力，コミュニケーション能力などの人格的資質，教職員全体と同僚として協力していくことなど。

出典）中央教育審議会「新しい時代の義務教育を創造する（答申）」2007, p. 19. より抜粋

1. いつの時代にも求められる資質能力	・教育者としての使命感 ・人間の成長・発達についての深い理解 ・幼児・児童・生徒に対する教育的愛情 ・教科等に関する専門的知識 ・広く豊かな教養 ・これらを基盤とした実践的指導力　等
2. 今後特に求められる資質能力	① 地球的視野に立って行動するための資質能力 ・地球，国家，人間等に関する適切な理解 ・豊かな人間性 ・国際社会で必要とされる基本的資質能力 ② 変化の時代を生きる社会人に求められる資質能力 ・課題探求能力等に関わるもの ・人間関係に関わるもの ・社会の変化に適応するための知識及び技術 ③ 教員の職務から必然的に求められる資質能力 ・幼児・児童・生徒や教育の在り方に関する適切な理解 ・教職に対する愛着 ・誇り ・一体感 ・教科指導・生徒指導等のための知識，技能及び態度
3. 得意分野を持つ個性豊かな教員	・画一的な教員像を求めることは避け，生涯にわたり資質能力の向上を図るという前提に立って，全教員に共通に求められる基礎的・基本的な資質能力を確保するとともに，積極的に各人の得意分野づくりや個性の伸長を図ることが大切である。

図 5-1　教員に求められる資質能力

出典）「教育職員養成審議会　第一次答申」1997. より筆者が作成

2　これから求められる教員養成と研修

ここでは，大学における教員養成と教職における研修について整理する。

（1）大学における教員養成

教員の養成には「大学における教員養成（教育学部等，教員養成を主とした学部での養成）」と「開放制による教員養成（教育学部等以外で，教職課程を追加的に履修し所定の単位を得ることで教員免許状を取得できる制度）」の２種がある。2006（平成 18）年の中央教育審議会答申では，教員養成について「1. 大学の教職課程を，教員として最小限必要な資質能力を確実に身に付けさせるものへ」「2. 教員免許状を，教職生活の全体を通じて，教員として最小限必要な資質能力を確実に保証するものへ」の２つの方向性での改革を提言している[5)]。

1の資質能力については，「教職課程の個々の科目の履修により修得した専門的な知識・技能を基に，教員としての使命感や責任感，教育的愛情等を持っ

5）中央教育審議会「今後の教員養成・免許制度の在り方について（答申）」（5. 教員養成・免許制度の改革の方向），2006.

て学級や教科を担任しつつ，教科指導，生徒指導等の職務を著しい支障が生じることなく実践できる資質能力」を指す。

　2の教員免許については，「教員免許状の保有者が，一定水準以上の資質能力を身に付けていることを，社会に対して明らかにし，公証していくことは，公教育の円滑な実施を図る観点から，教員免許状に本来的に求められる役割である」としている。つまり，教職には使命とその重みがあり，「誰でもなれる」ものではなく，専門職であるという位置付けを改めて明確にしたものである。

　このような教育専門職においては，幅広い視野と高度な専門的知識・技能が必要とされる。と同時に，教職に就いたその日から「先生」と呼ばれる立場になり，教科指導を筆頭に児童生徒理解，保護者対応等の実践的な力も要求される。大学における教員養成は，高度な専門的知識・技能の習得とともに実践力を育成することも期待されている。

　具体的には，2006（平成18）年の「今後の教員養成・免許制度の在り方について（答申）」において，教員養成課程に「教職実践演習」科目が新設された。この科目は，「教職課程の他の授業科目の履修や教職課程外での様々な活動を通じて，学生が身に付けた資質能力が，教員として最小限必要な資質能力として有機的に統合され，形成されたかについて，課程認定大学が自らの養成する教員像や到達目標等に照らして最終的に確認するものであり，いわば全学年を通じた『学びの軌跡の集大成』として位置付けられるものである。学生はこの科目の履修を通じて，将来，教員になる上で，自己にとって何が課題であるのかを自覚し，必要に応じて不足している知識や技能等を補い，その定着を図ることにより，教職生活をより円滑にスタートできるようになることが期待される」と趣旨が示されている[6]。いわば，大学で身に付けた資質・能力を教職の場で活用できる実践力を確認し，教員になるにふさわしいかどうかを見極める科目であるといえる。「学びの軌跡の集大成」という位置付けから，学生は「履修カルテ」を作成し，大学の教職課程を通しての履修履歴を自己把握することが必須となっている。教職実践演習や履修カルテによる振り返りを行い，自ら身に付けた教員としての資質能力を確認するとともに，自らの強み，弱みを把握することが大切である。その強みは魅力ある教員になるための有益な要素であるから，今後も大いに伸ばしていくべきである。また，弱みは「だから教員には向いていない」と考えるのではなく，弱みを意識し，力を蓄えていくことで強みに変わっていくものである。生まれながらにして教員に向いている人はいない。皆，悩みながら成長して教員になる。悩むことで立ち止まり，そこで切磋琢磨し魅力ある教員に向けて少しずつ成長していくのである。

[6] 中央教育審議会「今後の教員養成・免許制度の在り方について（答申）」〔別添1 教職実践演習（仮称）について〕，2006.

（2）教員免許制度

＊3　**教育職員免許法**：1949（昭和24）年に施行された。国公私立を問わず，すべての学校（学校教育法第1条に定める学校）において教員免許をもっていない者は教員になることが原則できない。

　　上述のように教員養成は，公教育を担う教員を養成するという位置付けからその養成課程については，高い水準が求められている。教員養成課程において身に付けるべき資質能力が備わった証として教員免許状が授与される。

　　日本では，原則として学校の種類ごとの教員免許をもっていない者は教員になることができない「相当免許状主義」である。教育職員免許法＊3第3条1項では，「教育職員は，この法律により授与する各相当の免許状を有する者でなければならない」と規定されている。これは，子どもの発達段階や教育内容に応じて専門的な知識・技能が必要であるからである。

　　教育職員免許法により，教員免許状は次の3種類に分類される。

教員免許状の種類（教育職員免許法をもとに作成）

① 　普通免許状：学位と大学等における教職課程の履修単位の修得により授与される。ただし高等学校は専修免許状と一種免許状のみ。教諭，養護教諭，栄養教諭が対象。
- ・専修免許状（修士課程修了程度）
- ・一種免許状（大学卒業程度）
- ・二種免許状（短期大学卒業程度）

② 　特別免許状：優れた知識や社会的経験等を有するが教員免許を持っていない者を対象に，教育職員検定を経て授与される。学校（幼稚園，義務教育学校，中等教育学校及び幼保連携型認定こども園を除く）の種類ごとの教諭の免許状。授与する都道府県内でのみ有効。

③ 　臨時免許状：普通免許状を有する者を採用できない場合のみに認められ，欠格事項に該当せず，教育職員検定に合格した者に授与される。授与する都道府県内でのみ適用され，有効期限は3年間である。助教諭，養護助教諭が対象。

　　教員免許は，2007（平成19）年に改正教育職員免許法が成立し，教員免許更新制が導入された。教員免許更新制とは，教員の資質能力の保持と最新の専門的知識・技能を身に付けることを目的として，教員免許に10年の有効期限を設けた制度である。免許の更新には，教員免許状更新講習を受講，修了することが必要であり，現職教員の費用の負担，未受講による免許失効等の問題が指摘されていた。こうした問題もあり，2022（令和4）年7月1日以降，教員免許更新制が廃止された[7]。文部科学省は「発展的解消」と捉えており，今後教員の資質を保持，向上させるための新しい研修体制が整備されるであろう。

7）「教育公務員特例法及び教育職員免許法の一部を改正する法律」2022.

（3）教員の研修

　研修とは「研究」と「修養」のことである。広辞苑第7版によると「研究」とは，「よく調べ考えて真理をきわめること」であり，「修養」とは，「精神を練磨し，優れた人格を形成するようにつとめること」とある[8]。研修とは知識や技能を修得する面と，人格の形成等，内面的な資質の向上の面を合わせもつ。教員の研修については，教育基本法をはじめとする法律に以下のように規定されている。

8) 新村出編『広辞苑第七版』岩波書店，2018，p.936，p.1389．

教員の研修を規定した法律

【教育基本法】（第4章 p.33，側注2を参照）

第9条　法律に定める学校の教員は，自己の崇高な使命を深く自覚し，絶えず研究と修養に励み，その職責の遂行に努めなければならない。

2　前項の教員については，その使命と職責の重要性にかんがみ，その身分は尊重され，待遇の適正が期せられるとともに，養成と研修の充実が図られなければならない。

【教育公務員特例法】（第4章 p.32，側注1を参照）

第21条　教育公務員は，その職責を遂行するために，絶えず研究と修養に努めなければならない。

2　教育公務員の任命権者は，教育公務員の研修について，それに要する施設，研修を奨励するための方途その他研修に関する計画を樹立し，その実施に努めなければならない。

第22条　教育公務員には，研修を受ける機会が与えられなければならない。

2　教員は，授業に支障のない限り，本属長の承認を受けて，勤務場所を離れて研修を行うことができる。

3　教育公務員は，任命権者の定めるところにより，現職のままで，長期にわたる研修を受けることができる。

　教育基本法に教員の研修が定められているということは，研修の位置付けや意義が極めて重いということであり，国公私立を問わず教員は研修を受ける権利があるとともに，研修をする努力義務があるということである。教育公務員特例法では，研修の権利が定められている。「勤務場所を離れて研修を行うことができる」とは，授業に支障がない時間に研修を受けることを，本属長（この場合は校長・園長）が承認すれば，勤務場所を離れて研修を受けることができるというものである。また，「現職のままで，長期にわたる研修を受けることができる」とは，概ね1〜3年の期間，教員の身分を保ったまま教職大学院[*4]等で学んだり，留学をしたりということが認められているということである。

*4　教職大学院：より高度な専門的能力を備えた人材の育成を目指し，教員養成に特化した専門職大学院。大学の学部から大学院に進学する場合と，現職の教員がより新しく高度な専門力を身に付けることを目指して進学する場合がある。

*5　**カリキュラム・マネジメント**：実際の子供の姿や学校・地域の実態に基づいてカリキュラム（教育課程）を編成し，組織的・計画的な教育活動を実施・検証・改善していくことにより教育の質の向上を図ること。カリキュラム・マネジメントの特徴は以下の3点になる。① 教師が連携した科目横断的な授業づくり，② PDCAサイクル（教育課程の編成→実施→検証→改善）に基づいた教育活動のマネジメント，③「社会に開かれた教育課程」の視点からの地域の人との連携，地域の物的資源の活用。

*6　「教育職員免許法及び教育公務員特例法の一部を改正する法律について（通知）」（文部科学省，2007）によると「① 教科による専門的知識，技術等が不足しているため，学習指導を適切に行うことができない場合，② 指導方法が不適切であるため，学習指導を適切に行うことができない場合，③ 児童等の心を理解する能力や意欲に欠け，学級経営や生徒指

（4）教員の義務としての研修（法定研修）

　このように教員にとっての研修は権利であり，義務である。教育公務員特例法で定められている研修（法定研修）には，初任者研修，中堅教諭等資質向上研修，指導改善研修の3つがある。このうち，初任者研修と中堅教諭等資質向上研修は，原則として全教員が対象である。

① 　初任者研修とは，教員として正式に採用された者に，「採用の日から1年間，実践的指導力と使命感を養うとともに，幅広い知見を得させるため，学級や教科・科目を担当しながらの実践的研修（初任者研修）を行う」[9] 研修である。

表5-1　初任者研修の内容

校内研修	校外研修
週10時間以上 年間300時間以上	年間25日以上
・教員に必要な素養等に関する指導 ・初任者の授業を観察しての指導 ・授業を初任者に見せて指導　　　等	・教育センター等での講義・演習 ・企業・福祉施設等での体験 ・社会奉仕体験や自然体験に関わる研修 ・青少年教育施設等での宿泊研修　　　等

出典）文部科学省（ホームページ）「初任者研修」

　表5-1のように初任者研修は時数も多く，研修内容も多岐にわたる。仕事に慣れない新任の時期にこうした研修を受けることは時間的にも精神的にも負荷が掛かるが，幼児児童生徒，保護者から「先生」と呼ばれる立場であることを鑑み，専門的な知識と実践力を兼ね備えた「一人前」の教員になるためにも真摯に研修に取り組みたいものである。

② 　中堅教諭等資質向上研修は，「十年経験者研修」とされてきた研修であるが，2017（平成29）年に名称を中堅教諭等資質向上研修に改められた。教職経験10年前後の教員は，学級担任，教科担任としての経験を積み，学校運営上の要となる立場である。教科指導，生徒指導，学校運営等についてより広い視野に立ち，より一層専門的な知識・技能を修得することが求められる時期である。授業のスキルを向上し，いじめ・不登校等，学校行事やカリキュラム・マネジメント*5等，学校全体を見据えた取り組みへの実践力等を養っていく研修である。

③ 　指導改善研修は，「指導が不適切である*6」と認定された教員に対する研修である。指導が不適切であると認定された教員は，その能力や適性等に応じて，指導の改善を図る研修を受けなければならない。一定期間の研修終了後，指導が改善されたと認定された場合は，学校への復帰が認められる。指導の改善が認められない場合は，分限免職*7処分や免職・採用（教員以外の

事例5-1　初任者研修の例（小学校）

　これは，筆者のゼミの卒業生による経験談である。A先生は，小学校での初任者研修として，校内では，教科主任の教員が行う授業を参観し，発問や板書の仕方等を学んでいる。自分の授業と比較して，児童が集中していたり自分の言葉で説明をしたりしている姿が印象的であった。校外では，教育委員会による研究指定校の研究会に参加し，授業づくりについて研鑽を深めている。2学期になると初任者研修の一環として，A先生自身も研究授業を行うことになった。学習指導案を立て，放課後に模擬授業も行う等，準備を入念にした。いざ，授業をしてみると，計画通りに児童の意見が出ず，焦ってしまい，自分が説明ばかりする授業になってしまった。授業後の協議会では，先輩の教員から「まず，児童の意見を待つこと」「発問を的確にして，一回で伝えること」等の助言を受けた。ベテランの教員からは，「自分も何年やっても成功したと思える授業なんて一度もない。毎回，反省の繰り返しだよ」と言われ，授業の奥深さを知るとともに，今後も積極的に研究授業をし，学びたいと決意を新たにすることができた。

　研修を受けたり研究授業を行ったりすることは，労力のいることだが，その分，得ることも多い。自分をレベルアップ，ブラッシュアップするために積極的に取り組みたいものである。

職種への転任）等の措置がとられる。

　以上，教員の資質・向上と研修について述べてきたが，教職とは「学び続けることが求められる」職業であるということである。時代の動向や子供たちの変容等に常に敏感に反応し，新しい教育課題に適切に対処するためにも，常に研鑽に励むべき職業である。大村はま[*8]は，「ほんとうによい仕事をしているかどうか，きびしく自己規制ができる人，それが教師です。いつでもわが身を責め，子どもに確実な力をつけて，責任を全部自分にとってゆくことができる人こそ教師なのですから」と述べている。幼児児童生徒の学びを支え，指導し，時にはその生き方にも影響を与える職業であるからこそ，「研究」と「修養」に励むことが求められる。各自，「理想の教師像」を掲げてほしい。理想の教師像に近づくために，今，何をなすべきかを考えてみる。そうすれば，日常の至る所に「研究」と「修養」の場があることに気付くだろう。

●演習課題

課題1：これからの教員に必要な資質は何か話し合ってみよう。
課題2：あなたの強み，弱みは何か，考えてみよう。
課題3：あなたの理想の教師像とはどのようなものか。またその教師像に近づくために，どのような研鑽を行うか，話し合ってみよう。

導を適切に行うことができない場合」と示されている。

[*7]　分限免職：職務の遂行に支障があると判断された場合に，本人の意思とは関わりなく免職されることである。

[*8]　大村はま（1906-2005）：国語教師として中学校，高等学校で43年間勤める。退職後も各地の国語教室で指導を続けた。生徒一人一人の力を見極め，自作教材や課題を開発し，単元学習を実践した。
大村はま『新編 教えるということ』ちくま学芸文庫，1996，pp.63-64.

コラム　　児童虐待とどのように向き合うか

　教育現場では，虐待を受けている，あるいは虐待疑いのある子供が在籍していることも少なくない。また，教員が保護者から子育てに関する悩みを相談される中で，子供に虐待をしかねない保護者，あるいは虐待をしてしまっている保護者に気付くこともある。教員として，児童虐待とどう向き合えばよいのか。虐待の定義を整理しておく。

1	身体的虐待	殴る，蹴る，叩く，投げ落とす，激しく揺さぶる，やけどを負わせる，溺れさせる，首を絞める，縄などにより一室に拘束する など
2	性的虐待	子どもへの性的行為，性的行為を見せる，性器を触る又は触らせる，ポルノグラフィの被写体にする など
3	ネグレクト	家に閉じ込める，食事を与えない，ひどく不潔にする，自動車の中に放置する，重い病気になっても病院に連れて行かない など
4	心理的虐待	言葉による脅し，無視，きょうだい間での差別的扱い，子どもの目の前で家族に対して暴力をふるう（ドメスティック・バイオレンス：DV），きょうだいに虐待行為を行う など

出典）厚生労働省ホームページ「児童虐待の定義と現状」

　教員は，虐待の早期発見・早期対応に努めなければならない。「児童虐待の防止等に関する法律」においても学校等児童福祉に職務上関係する者には，早期発見の努力義務が定められている。こうした虐待行為は家庭の中で行われることが多く，発見が難しい。子供も「親を庇う」「自分が悪いことをしたからと思い込む」ことが多い。教員は子供の身近にいる大人として，子供が発しているサインに敏感になっておく必要がある。服装がいつも薄汚れている，給食をガツガツ食べる，家に帰るのを嫌がる，自己肯定感が低い，忘れ物が多い，やたらと教員に甘えてくる，保護者が提出する書類がなかなか提出されない等，兆候のサインは様々である。これらのサインがすべて虐待であるとは限らないが，「もしかしたら，虐待かも」という高い感度で子供の出すサインを受け取るべきである。

　もし，教員が児童虐待の可能性を疑ったときは，校長等の管理職を通して「児童相談所」に通告することが重要である。また，チーム学校として，スクールカウンセラーやケースワーカー等と連携をする等，その後も子どもの支援を続けていくことが求められる。そして，子供だけではなく保護者への支援が必要な場合もある。子育てのストレス，教育観のずれ（暴力をしつけと称する等）といった内容を共に考え，よりよい方向に導くことも教員の関わりである。

　最後に，「虐待かも」と感じたときのために，児童相談所虐待対応ダイヤル「189」も覚えておこう。この電話番号は全国共通で，児童相談所につながり，匿名でも通告可能である。「見て見ぬふり」「後悔先に立たず」にならないことが何よりも大切である。

第 **6** 章 教育改革の現状

　2001（平成13）年に成立した小泉内閣の構造改革以降，日本の教育制度は「第三の教育改革」に突入したといわれている。この背景には今後の人口減少時代を見据えての地方公共団体の再編成の中で地域における社会資本としての学校の在り方の再定義の課題がある。少子化とコロナ禍で急速に進化するICT活用技術も踏まえつつ，これからの時代に子供を中心としながら保護者や地域と協働する学校・教職員のあり方について展望してみよう。

1　第三の教育改革

　我が国は2008（平成20）年から人口が減少する時代に突入した。公的な財政の上に成り立つ教育制度は人口減少による過疎と税収の不安定化の影響を受け続けることとなる。一方で経済学の基本として "一人当たりのGDP（国内総生産）を豊かに"[1]することで人口減少時代でも幸福を追求しやすい社会の未来像を展望可能である。このような次の時代の日本を支える「第三の教育改革[2]」と学校，教職員の改革課題を考えていこう。

（1）今世紀までの学校をめぐる変化

　明治の「第一の教育改革」，終戦〔1945（昭和20）年〕に始まる「第二の教育改革」，そして現在が「第三の教育改革」に当たる。このような区分が示されたのは戦後第2位の長期政権である佐藤内閣で公示された1971（昭和46）年の「中央教育審議会答申」（以下「よんろく答申」）が初出である。当時の日本が開発途上国から中進国そして，先進国となりつつあったことを受け，それまでの学歴のための収束的思考力を中心とした学力観から拡散的思考力[3]等にも配慮した学力観の再定義の必要性が「第三の教育改革」の趣旨である。

＊1　例えば，トマ ピケティ，山形浩生・守岡 桜訳『21世紀の資本』みすず書房，2014.等で取り上げられる基本的な経済や歴史の仕組みである。

＊2　「第三の教育改革」という表現や経緯については，文部省『学制百年史』1981.を参照。

＊3　心理学に関する概念は変化が激しい。「よんろく答申」当時は学校教育における「創造性」等の表現が多用された。次ぐ「臨教審」の時期になると現在も使われる拡散的思考力と収束的思考力という概念で議論がされてい

る。ウラン チゲゲ・弓野憲一「世界の創造性教育を概観する」静岡大学教育学部研究報告，41，2010，pp. 47-76. に詳しい。

収束的思考：既知の情報から論理的思考を積み重ね，素早く最適解にたどり着く思考。

拡散的思考：既成概念や論理的思考にとらわれず，様々なアイデアを組み合わせることにより創造的な解を導く思考。

＊4　ユネスコの成人教育部長を務めたポール ラングランが1970年代に提唱した「いつでも，だれでも，どこでも」学ぶことができる理想の社会像である。この表現は2006（平成18）年の教育基本法改正で新設された第3条（生涯学習）に反映されている。第2章 p.19, 側注37を参照。

＊5　補助金の削減と弾力的に判断した地方交付税交付金（一般財源）の運用，国から地方への一部の税権移譲という3点を同時に進める改革。これにより従来の"財源で3割程度の地方の自由度"（3割自治）が"4割程度"にまで向上した。

＊6　明治,大正,昭和,平成とそれぞれ地方自

　戦後第5位の長期政権となった内閣は教育改革を主要な公約に取り上げ，臨時教育審議会〔1984（昭和59）～1987（昭和62）年，以下「臨教審」〕を設置し，ここでも「第三の教育改革」は繰り返し必要性が指摘された。臨教審は生涯学習社会＊4を迎えるに当たり，学校だけで身に付ける能力という学力観を修正する必要があるため，生涯学習を展望した学力観として「生きる力」を提示した。この「生きる力」は1989（平成元）年改訂の学習指導要領で取り上げられ，現在までも学力観の主要な位置付けとなっている。しかし，「臨時教育審議会最終答申」〔1987（昭和62）年〕がまとまって以降，内閣が1年前後で交代する状況が続き，教育政策も教育行財政も安定せず，一見「第三の教育改革」は失敗し忘れさられた状態が続く。行政の長である内閣総理大臣の在任期間で教育も含めた行財政改革の進度が左右されることがわかる。

　2001（平成13）年に成立した内閣は戦後第3位の長期政権となり，行財政改革として「構造改革」を進める。「構造改革」とは三位一体の改革＊5と平成の大合併＊6で地方分権を進めることを主旨とした。この結果，地方自治体の財政上の自由度が向上し，設置する公立学校等の個性的な経営が展開可能となった。加えて，2004（平成16）年には新しい教職員として栄養教諭が制度化され，世界的にも先行事例のない食育という教育課題を進めるために，2005（平成17）年には食育基本法が公付された。2006（平成18）年には「早寝早起き朝ごはん」国民運動が開始され学校や家庭，地域社会をあわせての教育課題に加わっている。また，2006（平成18）年に教育基本法や学校教育法，地方教育行政の組織及び運営に関する法律（地方教育行政法），教育公務員特例法等が大幅に改正＊7される。この時点では，「第三の教育改革」は強調されなかったが，この頃より「第三の教育改革」が始まっている，と評価がなされる状況となり[1]，2022（令和4）年現在は未だ「第三の教育改革」の只中にあるといえる。

　ところで，実際には「第三の教育改革」はそれより以前，1998（平成10）年公示の学習指導要領が「ゆとり教育」とマスコミ等により批判されるような状況から始まっている。これは当該の改訂が「よんろく答申」や臨教審が触れた拡散的思考力にも重点を置く学力観である「新学力観」に立ちつつ，学校の完全週5日制の対応にあわせて指導内容を3割近く精選したことへの批判である。なお，「ゆとり」とは1977（昭和52）年公示の学習指導要領で用いられた用語であり，1998（平成10）年の改訂を表現するには適切でない。加えてOECD＊8の国際学力学習状況調査「PISA」の参加は2001（平成13）年からで，「全国学力学習状況調査」は2008（平成20）年より開始されており，1998（平成10）年公示の学習指導要領により学力低下が生じた根拠（エビデンス）はない。

（2）「第三の教育改革」の3要点
―生きる力と新学力観，開かれた学校―

　前述のように2006（平成18）年に教育に関する重要法令が多数改正された。例えば，教育基本法第2条を基に「生きる力の3要素」が示され，第13条で開かれた学校を決定付ける家庭と地域との連携が必須となった[*9]。また，学校教育法でも「学力の3要素」（第30条），特別支援教育への趣旨・名称変更（第1条，第72条等）が示された。2008（平成20）年に公示された学習指導要領はこれらの教育の主要な目的・目標の明確化に合わせつつ，「ゆとり教育」批判を受けて1割程度の授業時間・学習内容の増加を行っている。しかし，もともと完全週5日制導入のために1998（平成10）年公示の学習指導要領が内容・時間数削減を行った経緯がある。ここでの授業時間・学習内容の増加は学校現場にとって様々な工夫のきっかけにはなったが，教職員にとっても子供にとっても学校の多忙化を増すきっかけともなった。

　前述の構造改革で権限に自由度が増した地方自治体は，設置者として管理・経営する学校のルールに工夫の自由度が増した[*10]。例えば夏休み等の長期休業や部分的な土曜日での授業実施，朝読書等を授業時間に組み入れる等である。また，「PISA」での国際比較や「全国学力学習状況調査」による自治体ごとの比較において，マスコミ主導の感情的な議論で多少の混乱はあったが，我が国の初等中等教育の基礎学力は全体像として改善が進みつつある。このような「第三の教育改革」の主たる発想の一つである新学力観は生涯学習社会を展望し「生きる力」や拡散的思考も取り入れた充実を目指して"学校で身に付ける力"として学力を再定義したといえる。

　もう一点，「開かれた学校」という学校観の修正についても触れておきたい。「よんろく答申」や臨教審が議論した時期は学校での事件・事故に関する訴訟が急増した時期でもある。一部の悲劇から起こる訴訟では被害者を経済的に保護するため学校・設置者側に厳しく責任を認定し賠償等を求める判決がなされる傾向が強い。その判決が全体の学校の義務・責任の範囲を定義する。そのため学校での事件・事故の判例の蓄積は学校・教職員の義務・責任の増大につながり，その多忙化を避けるため，学校は保護者や地域社会から閉鎖性をもちやすくなった[2]。しかし，1995（平成7）年の阪神・淡路大震災において避難所としての地域防災の拠点として学校の機能が注目され，2011（平成23）年の東日本大震災では緊急避難場所[*11]としても注目された。結局，学校は災害から地域を支える機能までをもつに至る。あわせて，第二次ベビーブーム世代[*12]以降続いた少子高齢化は2008（平成20）年には人口減少時代という新しい段階に

治体の大合併が行われている。平成の大合併は基礎自治体（市町村と特別区）を約3,400から約1,700に統廃合している。また，政令指定都市や中核市を増やすことで都道府県から基礎自治体への権限移譲も重視した。

*7　法律は国会で制定・改正されてほぼ同時に公布がなされる。その後に施行として法が効力を発揮するには周知や下位法令の整備を行い1年半程度後に施行される場合が多い。教育基本法は2006（平成18）年中に改正と同時に施行がなされているが，学校教育法等は2007（平成19）年に施行されている。

*8　OECD：第7章p.67，側注8を参照。

1) 渡部蓊『臨時教育審議会―その提言と教育改革展開―』学術出版会，2006.

*9　この他にも第17条の教育振興基本計画や第10条の家庭教育に関する条文の新設も押さえておきたい。

*10　地方教育行政法に定められる設置者管理主義において設置者（教育委員会や学校法人）は設置する学校を管理できる。設置者

表6-1　1946（昭和21）年以降の教育に関わる法・制度の変遷

1946年（昭和21年）	日本国憲法公布（翌年，施行）
1947年（昭和22年）	教育基本法や学校教育法，教育委員会法等，戦後の教育制度の法制度が制定（第二の教育改革）
1956年（昭和31年）	教育委員会法廃止と同時に地方教育行政法が制定，教育委員会制度が公選制から任命制へ
1971年（昭和46年）	中央教育審議会答申「今後における学校教育の総合的な拡充整備のための基本的施策について」公示
1984年（昭和59年）	臨時教育審議会設置〔〜1987（昭和62）年〕。1987年に「教育改革に関する第4次答申（最終答申）」公示
1995年（平成7年）	阪神・淡路大震災により，学校に避難所の機能が注目・期待される。
1998年（平成10年）	小中学校の学習指導要領公示，2002（平成14）年度より完全実施。以後，「ゆとり教育」批判がなされる。
2000年（平成12年）	OECD（経済協力開発機構）の「PISA（生徒の学習到達度調査）」開始。以後，3年ごとに実施される。
2001年（平成13年）	小泉内閣成立〔〜2005（平成17）年〕とともに「構造改革」として「三位一体の改革」と「平成の大合併」が始まる。
2006年（平成18年）	教育基本法，学校教育法，地方教育行政法等が改正。教育基本法改正は初めて。
2008年（平成20年）	「全国学力学習状況調査」開始。日本全国の学力テストは42年ぶりの実施。 この年をピークに翌年度以降は日本の人口が減少に転じる。
2011年（平成23年）	東日本大震災により学校に緊急避難所の機能が注目・期待される。
2013年（平成25年）	中央教育審議会答申が3つ同時に公示（「『次世代の学校・地域』創成プラン」）
2016年（平成28年）	第5期科学技術基本計画が閣議決定。以降，Society5.0が日本の目標とする未来像となる。
2017年（平成29年）	現行の小中学校学習指導要領公示，小学校の外国語や道徳が教科化。
2019年（令和元年）	教育におけるEBPMと「GIGAスクール構想」が始まる。
2020年（令和2年）	COVID-2019が日本にも上陸し，学校教育でのコロナ禍対応が始まる。
2021年（令和3年）	中央教育審議会答申「『令和の日本型学校教育』の構築を目指して」公示

が学校を管理するためのルール集が「学校管理規則」である。

2）北神正行・高木亮「教師の多忙と多忙感を規定する諸要因の検討I」岡山大学教育学部研究集録，2007, **134**(1), pp. 1-10.

＊11　避難所とは災害で家に住めなくなった人たちが一時的に生活する場所である。緊急避難場所とは豪雨災害等の避難勧告や地震による津波等から迅速に難を避けるために避難する場所である。2013（平成25）年の災害対策基本法改正で定

なった。過疎と人口減少が進む多くの自治体において，学校は電気と水道，交通網とともに地域を支える4つの最後の社会資本（インフラ）とまで評される状況にある。たしかに開かれた学校は子供にも地域にも成果をあげ，学校や教職員の価値・評価を高めているが，前世紀末にすでに指摘されていた義務・責任の増大に伴う多忙化への対策は中々効果もあげられないまま今に至っている。

2　これからの教育課程に向けて

（1）現行の学習指導要領

　現行の学習指導要領の改訂を目指して，2015（平成27）年12月に3つの「中央教育審議会答申」が同時に公示された。これが，「『次世代の学校・地域』創生プラン」と呼ばれる。地方創生の課題を受けて，すべての学校に「地域学校協働本部」を設置するコミュニティスクールに転換することや，社会教育を代表する「地域学校協働本部」の新設により学校教育と社会教育・地域社会の双方向の支え合う形で開かれた学校の在り方を進めようとしている[3]。これによ

り，開かれた学校は保護者や地域住民が学校経営にまで参画（計画段階から参加するというより強い参加の表現）する新しい展開になりつつある。

　また，学校組織については，2017（平成29）年に制度化されるスクールカウンセラーやスクールソーシャルワーカーを加えた多様な役割の教職員集団の協働化を意図し「チームとしての学校」が示された[4]。協働（コラボレーション）とは異なる役割をもつ者同士の高度な協力関係を意味する。学校は学習指導や生活・生徒指導に加え，食育等の生活習慣，防災等の地域の拠点，さらにカウンセリング等の機能までも内包した位置付けがなされたこととなる。

　さらに，協働する教職員については養成段階，採用段階，入職後1～数年段階，中堅段階，ベテラン段階の5段階の職業人生（キャリア）の枠組みを提示し，「学び合い支え合う教員育成コミュニティ」の目標設定を行った[5]。しかし，この時点ですでに教職志望の就職市場での人気低下と実質的な定年延長等が加わり，教員免許更新講習や研修計画が意図せぬ混乱を迎えつつあった。

　「学校運営協議会」や「チームとしての学校」という発想は，現行の学習指導要領の大きな目標である「社会に開かれた教育課程」であり，カリキュラム・マネジメント[*13]を動かしていくための方法となる制度改革である。第一の教育改革も第二の教育改革も30年でほぼその主要目的を果たしていることを踏まえれば，「『次世代の学校・地域』創生プラン」と現行の学習指導要領が「第三の教育改革」の主要目的ともいえる「生きる力」と「開かれた学校」，「新学力観」といった課題がまとまるはずであった。

（2）コロナ禍を受けての個別最適な学びと協働的な学び

　2016（平成28）年末に「中央教育審議会答申」[6]が公示され，その3か月後に現行の小中学校学習指導要領が公示される。それまで盛り込むことが予測された「アクティブラーニング（能動的な学習）」が「主体的・対話的で深い学び」と表現の変更が示されたものの，概ね予測通り「社会に開かれた教育課程」と「カリキュラム・マネジメント」の考え方を中核に添えた内容であった。しかし，この学習指導要領の移行期間が小学校で完了する完全実施の年度直前にCOVID-2019の感染爆発（パンデミック）（以下「コロナ禍」）が起こる。

　2020（令和2）年1月以降，日本も徐々にコロナ禍が拡大し，翌月には政府の判断で学校が全国一斉臨時休業となった。年度末の卒業式すら許されず，翌年度は各自治体等の判断で5月中旬より再開となった学校が多い。臨時休業がきっかけとなり教育行政だけでなく経済産業省等も加わり「学びを止めない！」とのキャッチフレーズのもとで遠隔・オンライン教育等の工夫が始まった。これはICT[*14]を活用したもので学習支援だけでなく，教育業務の効率化や教職

められ，立地が安全な多くの学校等はこれに指定されている。

*12　1947（昭和22）年から1949（昭和24）年までの1学年250万人以上の出生者数の世代を第一次ベビーブーム世代，1971（昭和46）年から1974（昭和49）年までの1学年200万人以上の出生者数の世代を第二次ベビーブーム世代と呼ぶ。なお，第三次ベビーブームは期待されたものの成立しなかった。

3）中央教育審議会「新しい時代の教育や地方創生の実現に向けた学校と地域の連携・協働の在り方と今後の推進方策について」（平成27年12月21日）.

4）中央教育審議会「チームとしての学校の在り方と今後の改善方策について」（平成27年12月21日）.

5）中央教育審議会「これからの学校教育を担う教員の資質能力の向上について」（平成27年12月21日）.

*13　カリキュラム・マネジメント：第5章p.50，側注5を参照。

6）中央教育審議会「幼稚園，小学校，中学校，高等学校及び特別支援学校の学習指導

要領等の改善及び必要な方策等について」（平成28年12月21日）.

*14　**ICT**:Information and Communication Technologyの略。情報通信技術のこと。情報技術を活用することで環境にとらわれず，人と人がより効率的に知識・情報を伝達したり，共有できるようになる。

*15　2019（令和元）年末に令和元年度補正予算として成立した教育・学校の情報化に関する5カ年計画。GIGAとは「Global and Innovation Gateway for All」という造語。
GIGAスクール構想:
1人1台端末と，高速大容量の通信ネットワークを一体的に整備することで，特別な支援を必要とする子供を含め，多様な子供たちを誰も取り残すことなく，公正に個別最適化され，資質・能力が一層確実に育成できる教育ICT環境を実現する。これまでの我が国の教育実践と最先端のICTの「ベストミックス」を図ることにより，教師・児童生徒の力を最大限に引き出す（文部科学省）。

*16　2018（平成30）年頃より日本の行財政改革の基本的な方針と

員研修にまで方法論の改革が言及されるようになった。

コロナ禍の不幸中の幸いとでもいうべき状況として，感染症拡大前に「1人1台ICT端末」を標榜したGIGAスクール構想*15や教育の数量データ分析の重視を意図する教育のEBPM（Evidence-based policy making：実証的根拠に基づく政策立案）*16化が予算化済みであった。また，現行の学習指導要領はこれまでとは異例ともいえる教育の方法論にまで強く言及しており，「主体的・対話的で深い学び」といった第一の教育改革以来の講義・一斉授業形式の指導法以外の学習指導の展開の試行や推奨がなされていた。

コロナ禍でのICT化に強く刺激を受けて「主体的」を「個別最適」に，「対話的」を「協働的」に発展させる新しい目標を示したのが2021（令和3）年公示の「中央教育審議会答申」[7]である。現行の学習指導要領公示からわずか4年間であるが，コロナ禍は遠隔・オンライン授業等で個々人の学習者への対応を可能にしつつ，家庭等の個々人の学習者の環境への公的配慮の必要性を突きつけ，指導方法改善の必要性も迫っている。若い世代の教職員が中心になって，新しい教育方法・指導法に適応しつつあるが，コロナ禍でさらに教職員の多忙化が進んだ感もある。今まで，教職員の努力や能力向上を求める「支援」はあったものの，教職員の健康増進や職業生活の充実を高める「支援」は欠けていた点を反省する必要がある。

3　未来の学校・教職を左右するSociety5.0 と働き方改革

（1）日本の未来像（Society5.0）に向けた教育改革

2016（平成28）年に内閣が閣議決定した第5期科学技術基本計画*17で「Society5.0」という日本の近未来の目標が示された。これは汎用人工知能（A.I.）とビックデータを活用することで人口減少による労働生産人口減少下でも社会の発展を目指す未来展望である。汎用人工知能は未開発で内実は未知数である。しかし，今まで測定しながらも活用しきれていなかった膨大な情報等とともに技術革新に合わせた働き方改革を行うことで，一人当たりのGDP向上や幸福度の向上が展望可能な社会となる。前述のEBPMもGIGAスクール構想もこの日本全体の未来像に適応するための教育改革と位置付けられている。

Society5.0は未開拓の近未来像であり，今の子供の教育に対してSociety5.0時代に必要な学力を現時点で具体的に提示しきれていない。また，授業時間・学習内容の増大による学校現場の多忙状況は深刻である。しかし，未来は不明確でも，ICTや情報端末等のための能力開発（情報教育）や機械的な段取りに関

する能力（プログラミング思考）は少なくとも有益であろう。幸いにもGIGAスクール構想の予算化がコロナ禍以前に間に合ったため，ICT端末としてのパソコン等の小学生以上１人１台への配備，学校のインターネット環境の整備，授業での稼働・活用を目指した環境の整備が間に合った。それまで４割台に過ぎなかった教室の無線LANの整備状況もコロナ禍で８割近くにまで高まっている。"未だコロナ禍の最中"といえる2023（令和5）年現在でその実践や成果は評価しきれず，悲鳴のようなGIGAスクール構想現実化の苦労も指摘されている。教育方法が予測しきれないコロナ禍後の時代にどのようになるのか，またSociety5.0時代の教育のあり方も予測はしきれない。大切な点は，前述した2021（令和3）年公示「中央教育審議会答申」が提示するように，教職員が子供の新しい時代の学習の「伴走者」として，試行錯誤し改善しながらも学び続ける姿を子供と共に進めていくことであろう。

（２）持続発展可能な学校・教職員の内実を考え直す必要

　「持続発展可能性」とは，例えば教育における必要資源確保において中長期の将来を見据えて維持・発展できる身の丈に合った枠組みを考える際に重要な視点である。無理に無理を重ねるような現在の日本の学校・教職において重い省察を強いる言葉でもある。学校の経営資源には人材（労力），物資，資金，情報の４種類があり，ここでは人材としての教職員のことを考えたい。この視点では資源の消耗の抑制として"教職員の多忙・ストレスの軽減"と，資源の質の向上・開発，つまり"新しい時代に対応できる職能開発"が重要となり，今まで多様な議論と改善がなされてきた。しかし，今現在の喫緊の課題になっているのが"教職員が漠然と担ってきた様々な役割を再検討し本来的な使命を考え，持続できない教職員の機能の割愛"，つまり働き方改革である。子供や地域に対して求められ担ってきた教職員の負担を"有効性は承知で切り離さざるを得ない"点の議論である。この学校・教職員の内実のスリム化に答えが出せないのであれば，教職員の人員確保のためにより資金投入をする必要があろう。

　まず教職員の多忙，つまり労働時間の長さを押さえておこう。文部科学省は2008（平成20）年と2018（平成30）年に「教職員勤務実態調査」を実施した。いずれも教職員の超過勤務時間[*18]の集計と分析を行った悉皆（全教員対象）に近い大規模調査である。特筆できる点は10年差で超過勤務時間が悪化している点である。その原因に，① 若手教職員の比率増，② 教育課程の刷新，③ 部活等の業務があげられている。これらの分析に関わった神林[8]は上述の勤務実態調査やOECDの実施する「TALIS」[*19]等を加えて分析し，日本の教

なった概念。文部科学省では2019（令和元）年度より予算化されている。なお，エビデンス基盤（Based）が厳しすぎる印象からエビデンス参照（Informed）の方針設定（EIPM）という概念を提示する流れもある。

7）中央教育審議会「令和の日本型学校教育の構築を目指して〜全ての子供たちの可能性を引き出す，個別最適な学びと，協働的な学びの実現〜（中央教育審議会答申）」（令和3年1月26日）.

*17　2016（平成28）年から2020（令和2）年までを念頭に置いた国の将来計画。「持続的な成長と地域社会の自律的な発展」を筆頭に4つの目的を掲げている。なお，2021（令和3）年3月に第6期科学技術基本計画が閣議決定され，「安心・安全」と「多様な幸せ」が目的に置かれている。

*18　1日8時間，週5日，月4週の労働時間（月160時間）を超過した月当たりの累積勤務時間のこと。ただ，この視点では持ち帰り仕事の重さ等は除外されるため，多角的視点での多忙の根拠・

エビデンスを考慮する
必要もある。

8）神林寿幸『公立小・
中学校教員の業務負
担』大学教育出版会，
2015.

＊19　TALIS：第7章
p.67，側注9参照。

9）中央教育審議会
「新しい時代の教育に
向けた持続可能な学校
指導・運営体制の構築
のための学校における
働き方改革に関する総
合的な方策について」
（平成31年1月25日）.，
文部科学省「公立学校
教師の勤務時間の上限
に関するガイドライ
ン」（平成31年1月
25日）.

10）本田由紀『軋む社
会』河出書房文庫，
2011.

＊20　阿部真大『搾
取される若者たち』集
英社新書，2006．より
広まった表現。ここで
は自己実現系ワーカー
ホリックの職場の特徴
として，社会貢献感覚
とポイント・ゲーム感
覚，サークル・カルト
的な仲のいい職場風
土，趣味性の4点をあ
げている。いわゆる
「求められる教師像」
と似通っている。

職を「授業外業務重視型」として，今後の学校と教職の多忙や業務負担増に対
して厳しい見通しを示している。そして，2019（令和元）年には学校での働き
方改革を目指すために，基本的に月当たりの超過勤務時間上限を45時間と80
時間に制限する枠組みが示された[9]。

　このような状況において，日本の景気回復による人手不足の本格化で大学新
卒者就職希望職種の中で教職が比較・相対化の中で不人気化し，「ブラックな
職」との不名誉な評価を受けつつある。“採用定員割れ”という教職の状況は
本書刊行現在〔2023（令和5）年〕の身近な状況であろう。なお，「ブラック労
働」とは2010（平成22）年頃からの景気回復時にインターネット上で使われ始
めた言葉であるが，内実を有効に示しており労働法制や社会学等，学術・専門
用語としても使用されつつある。その中で，職業構造の問題としての「やりが
い搾取」[10]とともに，健康や私生活を害するほどの職業上の幸福を追求する発
想「自己実現系ワーカーホリック」[＊20]という議論は，現代の教職を見直す上
で重要である。未来の学校と教職員の働き方改革に必要な点は“やりがい搾取
をしない・されない”無理のない新しい仕組みづくりとともに，“健康や私生
活を害しない範囲で学校教育の職業に自己実現を探し続ける”ことであろう。

（3）これからの学校と教職員を充実させるための
　　個々人の改革課題

　ここまでの教育改革を考えてみれば，日本社会（国民の文化・思想や技術の進
歩，法令・行財政制度，天災・事件等すべて）の変化と要求を学校と教職員が結果
として受け入れ続けてきたことがわかる。災害や食育，人口減少，Society5.0，
コロナ禍対応といずれも日本で誰かが結果としての負担を受け入れ続けるべ
き，日本社会の課題なのである。現代日本の諸課題に結果として振り回される
のが教育改革ではあるが，同時に教育は未来の日本社会をよりよくする原因に
もなる。コロナ禍後も汎用AIは未だ未知数で今後の教育改革の行方は不透明
であり，同時に近く急激な人口減少と定年延長制度が確定している。とはい
え，“今の時点で適応すべき課題”を意識して試行錯誤せざるを得ない。ここ
で断言できる数少ない点は，本書を読んでくれているような若く適応力があ
り，自身の未来と重ねて子供や地域のことを考えてくれる次世代の教職員が日
本の興廃を左右するということである。

　筆者を含めた古い世代の学校教育関係者が反省すべき点は多い。“教職志望
者が減ることなどあり得ない”と漠然と思って，健康を害するような超過勤務
やストレスを感じる業務内容や対策予算議論といった“根本的な在り方を変え
る”ことを考えず“ストレスや多忙感を感じにくくすること”ばかりを考えて

きた。また，学級定数を基に教員配置数を決める制度上，学校教育のサービスの向上・拡大ではなく，対子供人数比でしか教員を採用できないことに問題意識を持ちながら対応をしてこなかった。結果として教職員の年齢構成が偏り，現在は概ねどの学校種においても50代以上と30代以下の若手が偏って多く，40代の中堅世代が極端に少ない。景気回復による他の職種での給与・待遇の改善は目を見張るほどで結果的に教職は就職市場での人気を下げ続けている。

　このような情勢に，ちょうど「ゆとり教育」等と差別的な表現を用いたような感覚で「でも・しか」*21先生などと心無い言葉を浴びせる者も少なくない。そして，教職志望者数減少と定年延長による教職員の高齢化は，教職を取り巻く混乱した状況の延長を向こう5年間は確定させているようにみえる。「第一の教育改革」も「第二の教育改革」も30年位かけて安定期を迎えたが，ちょうど「第三の教育改革」も2001（平成13）年から30年位かけるまで安定しないのかもしれない。2031年までの期間に未来の学校だけでなく教職員自身も充実させる課題点を3点提示して本章を終えたい。

　1点目はEBPMである。現在，教職員の偏った年齢構成では民主的な多数決で若い世代の意見は発揮されにくい。また，今の若い教職員世代が後に偏った多数派となったときに他世代の少数意見に耳を傾けにくいことも起こり得る。学校や教職員の未来を数字や根拠ある段取りで設定する意思決定の習慣を根付かせることが解決策になる。"こうすれば，こうよくなる"を数的に仮説・展望を立て，事後に分析・評価しつつ改善まで見通せる，そのようなサイクルを通した意思決定のプロセスが学校と教職員を取り巻く環境の充実のカギになるだろう。

　2点目は子供を第一にして，多様な職種の同僚や保護者，地域住民と協働することである。心身の健康向上と教育という人間関係への献身は二律背反*22することもある。

　3点目は時代の変化に合わせて新しい学校・教職員像に適応し続ける気長な発想，つまり持続発展可能性である。今までそうであったように未来の日本社会の変化の中で学校も教職員も予測不能である。変化する時代でも，その時，その場の子供を一番に考えて，時代や社会が求める新しい学校と教職の姿を考え続けてほしい。

*21 「教師に"でも"なるしかない」「教師に"しか"なれない」を略した侮蔑表現。終戦から1970年代初頭までの大卒者としては極端に給与が低く，就職市場で不人気だった時代に多用された。令和時代になって再び散見される言葉となった。

*22 経済学や経営学では「ジレンマ」と表現される。2つの二律背反の事象があれば，「いずれかを選ぶ」（トレードオフ）ではなく「いずれも犠牲にしすぎない」（バランス）選択肢が重要となる。ワーク・ライフ・バランスやリスク・コスト等，二律背反する事象の妥協を考え続けることが重要である。

●演習課題

課題1：自分の地域の10年と20年先の人口減少と少子化の見通しを調べてみよう。その上で必要な学校と教職の姿を考えてみよう。

課題2：EBPMの重要性を紹介したが今の日本の学力で「数値化できるもの」と「数値化できないもの」をあげて考えてみよう。

課題3：コロナ禍後の学校はどのように変わるだろうか。変わる部分と変わらない部分を列挙してみよう。

コラム　　子供の貧困

　スクールソーシャルワーカーが正式な教職員として法制化される等，「チームとしての学校」には「子供の貧困」対策も求められている。"不登校や学力格差の背景に子供の貧困問題がある"とする指摘も多く，各自治体・民間団体は改善のため，子ども食堂，学習支援等，様々な取り組みを行い，社会的関心も高い。まず，貧困に関わる国際的な基準を整理しよう。絶対的貧困とは，一日1.9ドルの支出ができない状態〔世界銀行の2015（平成27）年基準〕を指す。また，貧困線（国の世帯一人当たりの可処分所得の中央値の半額）以下の可処分所得〔日本では127万円，2018（平成30）年〕の家庭が相対的貧困と定義される。さらに，所得の再分配においてジニ係数（世帯間の所得の偏りで最大1となる係数）の拡大が格差や貧困の深刻化の指標とされる。近年の我が国の相対的貧困〔子供の貧困率14.0％，2018（平成30）年〕やジニ係数の数的拡大は指摘されてはいる。

　ただ，日本の教育における子供の貧困論には課題点も多い。具体的には再分配・所得の近年の改善状況を考慮せず，無償化や補助金（経済資本）に議論が偏り，社会関係資本や文化資本に関する支援や"平等と対立する公正（特別扱い）をどう求めるか"等の議論は少ない。学校や教職員の担う教育活動は経済資本以外の子供への投資であり，「学校で何ができるか」が問われている。

第7章 教員としての仕事と生きがい

教員の仕事は，子供たち一人一人の明日を共につくる仕事であり，未来の社会の担い手を育てる仕事として，社会的に意義のある仕事である。一方で，教科指導以外に，生徒指導，教育相談，部活動指導，保護者連携等，様々な能力が要求される仕事でもある。この章では，様々な厳しい状況の中で子供たちの成長に喜びや生きがいを感じながら仕事をする現場の教員の姿を，教員へのインタビューを基に明らかにする。

1 教員の仕事の特徴

学校で実際に教壇に立っている先生たちに，「教員とはどんな仕事ですか？」と質問をすると次のような答えが返ってきた。

「教員は，しんどい仕事だけどやりがいがある」（教職 16 年目）

「教員は，クリエイティブな仕事である」（教職 6 年目）

「教員の仕事は，社会的な責任が重い仕事である」（教職 38 年目）

「教員は，感情労働*1 である」（教職 10 年目）

「教員は，専門性が必要な仕事である」（教職 12 年目）

年齢，教職経験，教員としての仕事観等によって，自らの仕事の捉え方は多様であり，実際にその教員が，中核と考えている仕事の分野も多様であることがうかがえる。教育に対する一般的な論議の中でも，教員は権威的だという批判や自由な教育の賛美があるかと思えば，学校の指導に厳格性を求め，毅然とした指導が必要であるとする声もある。あるいは，教員には，高い教養と専門的な学識が重要だという議論がある一方で，教員には，情熱と豊かな人間性が最も重要であるとの主張もある。実際，教員の仕事*2 は，授業での教科指導だけではなく，生徒指導，学校行事の企画運営，ホームルーム（HR）・学級での指導，部活動の指導，保護者連携，地域連携業務等，多岐にわたり，その業

＊1 感情労働

A.R.ホックシールド（Hochschild, A. R.）が，著書の中で，肉体労働や頭脳労働と並ぶ第三の概念として提唱した労働形態の新しい概念であり，顧客や患者のような仕事の相手に対して労働者から働き掛けを行う際に，労働者が自身の感情をコントロールすることで報酬につなげる働き方のことである。医療，福祉，教育，保育等の仕事も感情労働に分類される。

アーリー ホックシールド，石川准他訳『管理される心−感情が商品になるとき』世界思想社，2000.

＊2　例えば，小学校以降では次のようなものが，教員の主な業務としてあげられる。
① 教科指導…教材研究，指導法研究，教材づくり，課題の点検，評価。
② 学級指導…ホームルーム（HR）指導，清掃や給食の指導，ショートホームルーム（SHR）での指導，健康診断，担任として諸帳簿の作成等の事務。
③ 学校行事…運動会，文化祭，遠足，修学旅行，野外活動の企画運営。
④ 校務分掌…教務部，生徒指導部，保健安全部等，学校全体を支える業務。
⑤ 生徒指導…登下校指導，家庭訪問，いじめ・不登校対応，教育相談等。
⑥ 進路指導…進学・就職等の情報収集，進路相談。
⑦ 部活動指導…部活動指導，試合の引率。
⑧ その他…保護者の苦情への対応，地域の研修会への参加，地域行事への協力。

1）稲垣忠彦・久冨善之編『日本の教師文化』，東京大学出版会，1994，pp.21-41.

務の量もかなり多い。そのそれぞれについて，様々な見方や考え方，アプローチが存在し，方法も多様である。このように，複雑で多岐にわたる教員の仕事の特徴を一般的に述べることはかなり難しいことであることは間違いない。

佐藤学は，教員の仕事の特徴を「再帰性（reflexivity）」「不確実性（uncertainty）」「無境界性（borderlessness）」の3つで特徴付けている[1]。「再帰性」とは，教員の教育活動の結果は，直接，その教員にブーメランのように帰ってきて，教育活動の結果責任を求められることをいう。「不確実性」とは，同じ教員が同じ教育活動を行っても，学校やクラス等，対象が変わると，結果が同じになるかどうかは確実ではないことであり，「無境界性」とは，教員の仕事は，ノルマが不明確で，どこまでやっても仕事の終わりがみえず，仕事の範囲が次々と広がってしまうことである。

最近では，この3つの特徴，特に「無境界性」の観点から教員の仕事はブラックである等という論調も見受けられる。以下に，教員へのインタビュー等をもとに校種ごとに仕事と生きがいについてまとめてみたい。

2　小学校教員の仕事と生きがい

表7-1は，ある公立小学校教員の一日である。

表7-1　ある小学校教員の一日

● 7：30　出勤	職員室で授業の準備等。 8：00頃には，通学路や校門で登校指導。
● 8：20　職員会議	その日の連絡や学年での打ち合わせ等，終了後，学級で児童と朝の会（連絡・健康観察等）。
● 8：45　授業	担任している学級で午前中4時間の各教科等の授業。 国語，算数，社会，音楽（専科）。4時間目は，自教室で，テストの採点や宿題ノートの点検。
● 12：30　給食指導	給食の配膳の指導。準備後，児童と共に給食をとり，スキマ時間を活用しノートの点検。給食の後片付けの指導。
● 13：15　清掃指導	児童と共に清掃，清掃担当場所を巡回して指導。
● 13：50　授業	午後2時間の授業。理科，学級会の指導。
● 15：00　下校指導	児童の下校指導（通学路・校門）。 下校指導終了後，生徒指導部会の会議。
● 16：30　事務処理 　　　　　教材研究	明日の授業の準備や採点，事務処理，報告書の作成等。 この日は，明日の理科の実験の予備実験と準備。
● 18：30　家庭訪問	不登校の児童の家庭訪問。家庭訪問後帰宅。
● 20：00　帰宅	退勤時刻は18：00～19：00頃になることが多い。

　学校教育法では，「小学校は，心身の発達に応じて，義務教育として行われる普通教育のうち基礎的なものを施すことを目的とする」（第29条）と規定され，教員は児童の教育をつかさどるとされている。小学校の教員は，小学校で，満6歳から12歳の児童に対し，学習や生活について指導することがその仕事の中心となる。学校行事のない平日の小学校の先生の仕事の様子は，およそ表7-1のようになっている。週の担当時間数は25〜27時間程度が一般的である。

　「教師は授業で勝負する」といわれるが，ある若手の教員は，インタビューで以下のように答えている。

> 　私は，今，授業をするのが楽しくてしかたありません。子供たちが授業の中で，どんな動きを見せてくれるか。こちらの問い掛けにどういう反応をしてくれるかを楽しみながら授業を工夫しています。授業は，どれもクリエイティブな営みで，納得いかないときでも，達成感があります。自分にとってはそれが生きがいかもしれません。（教職5年目）

　授業は小学校教員の最も重要な仕事であるといえる。低学年では，すべての授業を学級担任が担当することが多く，授業の中で学習の指導をするとともに，児童たちへの生活の指導も行う。中学年・高学年では，専科の教員が音楽科，図画工作科，家庭科の授業を担当したり，理科，算数科，体育科，外国語活動（英語）等において，中学校の教員がその専門性を生かして教科担任制で授業を行ったり，学年の中で教科の担当者を決めて交代して担任したりして教科担任制で授業を行うことも増えつつある[3]が，地域によりその実際の状況には差異がある。ある教員はインタビューの中で，次のように答えている。

> 　小学校の時期は，子供の人格形成に大きな影響を与えると考えているので，一人一人の子供たちの個性を十分に把握して，適切な指導やアドバイスをしていくことに気を付けています。教科の学習の中でも，学級の係活動や委員会等の仕事でも，一人一人が活きることを優先的に考えています。（教職9年目）

　小学校では，学級経営と教科指導は，密接に関係しており，教科の授業の中で学級経営や生活の指導をしていることがうかがえる。

　インタビューで，最近，保護者への対応が難しくなっていると述べたベテランの教員は，教員の仕事と生きがいについて次のように語っている。

*3　2021（令和3）年7月，「義務教育9年間を見通した指導体制の在り方等に関する検討会議」（文部科学省）は，「義務教育9年間を見通した教科担任制の在り方について（報告）」を公表した。文部科学省は，教師の確保の観点も踏まえつつ，小学校35人学級が完成する予定と同じ年度である2025（令和7）年度に，STEAM教育（次頁参照）の充実等の観点から算数，理科，外国語，体育の4教科を優先的に専科指導の対象とすべき教科として，5，6年生の教科担任制を進めることとしている。
https://www.mext.go.jp/content/20210729-mxt_zaimu-000015

> 　私が教員を続けてきた原動力は，子供の反応の面白さです。授業や学校行事等で私の働き掛けにどのように反応してくれるかが楽しくて仕方ありませんでした。今度は別な工夫を用意してみよう。こんな工夫にはどのように反応してくれるだろうと考えて実践するのが生きがいにつながっていたと思います。(教職 38 年目)

519_1.pdf

STEAM 教育：Science（科学），Technology（技術），Engineering（工学），Art（芸術・教養），Mathmatics（数学）の頭文字を取り，つくった造語。理系・文系といった枠を越えて，自ら課題を発見し，調べ，学び，考え，解決していく力を高めていく教育のこと。

＊4　横浜市の小中学校の教員・校長・副校長を対象に実施された「働き方」に関する実態調査。教員 521 名，校長 28 名，副校長 27 名からの回答を基に分析している。https://www.edu.city.yokohama.jp/tr/ky/k-center/nakahara-lab/txt/180514_hatarakikata.pdf

　また。教職 9 年目の教員は，「子供たちの成長する姿を見ることが喜びであり私の教師としての生きがいです。普段の仕事は，ストレスもありますが，年度の終わりに，振り返ってみると子供たちの成長の大きさを実感してやりがいを感じます」と語っている。

　2017（平成 29）年度に横浜市教育委員会と東京大学中原淳研究室が実施した「教員の『働き方』や『意識』に関する質問紙調査」＊4 の結果では，「あなたは現在仕事を行う上でストレスを感じていますか」という問いに 78.7％が「ストレスを感じている」と回答している一方で，「あなたは現在の仕事にやりがいを感じていますか」という問いには 78.2％が「やりがいを感じている」と答えている。先ほどのインタビューやこの調査結果から，教員の仕事は，多くのストレスが掛かる仕事であるが，子供たちの成長や自分の働き掛けに対する反応等に喜びやりがいを感じ，それを生きがいとして仕事に取り組んでいることがうかがえる。

3　中学校教員の仕事と生きがい

　学校教育法では，「中学校は，小学校における教育の基礎の上に，心身の発達に応じて，義務教育として行われる普通教育を施すことを目的とする」（第 45 条）と規定されている。授業は教科担任制で行われ，教科に関する知識や技能については高い専門性が求められる。また，学年が一つのチームになって，生徒の学習や生活の指導が行われるため，同僚性や協調性等，人間関係形成能力も重要であるといえる。

　また，部活動の指導も行われており，小学校と比べて退勤時間が遅くなることが多い。

　教務主任をしている教員は，インタビューで以下のように述べている。

> 　本当ならば，担当している社会科の授業のための教材研究をもっとしなければならないと思っているのですが，なかなか時間がとれないのが実情です。土曜・日曜のクラブがない日に，集中的に教材研究をしています。私は，教務主任をしているので，部活動の負担を軽減してもらっています。そのおかげで学校の中では，授業のための研究の時間がとれている方だと思います。も

ともと部活動の指導をしたくて先生になったのですが，今は，教科指導の楽しさを追求したいと思うように変化してきました。（教職10年目）

表7-2　ある中学校教員の一日

●7：00	出勤	7：30頃には，通学路や校門で登校指導。
●8：20	職員会議	その日の連絡や学年での打ち合わせ等。
●8：35	SHR	担任しているクラスでショートホームルーム（SHR）の指導。健康観察や諸連絡。欠席者への電話等での確認。
●8：55	授業	教科の授業。主に2年生を担当。週に1コマだけ，3年生を担当。午前中4時間の教科指導。
●12：30	給食指導	給食の配膳の指導。準備後，生徒と共に給食をとり，昼休みには，保護者との連絡や班ノート*5の点検。
●昼休み ●清掃指導		清掃時には，生徒と一緒に清掃すると共に，巡回して指導。清掃の様子は，特に注意して観察するように心掛けている。
●13：35	授業	午後2時間の授業。5限は空き時間なので，提出物の添削指導。6限は学級活動の指導。
●15：25	SHR	生徒への諸注意。一日の振り返り等。
●16：00	部活動	バスケットボール部の指導。主顧問とともに，教員3名で指導。
●18：30	教材研究 事務処理	部活動の最終下校指導後，プリント等の教材の準備や校務に関する事務処理。
●20：30	退勤	この日は，比較的退勤時間が早かったが，生徒指導等があると22：00頃退勤の日もある。このあと不登校の生徒の家庭訪問をして帰宅。

　インタビューに答えてくれた教職10年目の教員の一日は，表7-2のようである。

　中学校の授業の中でも，小学校と同じくGIGAスクール構想*6に基づいて2022（令和4）年に整備されたタブレット端末を活用してグループでの問題解決に取り組んだり，プレゼンテーションソフトを用いて自分たちの意見を発表したりする学習が多く取り入れられている。また，地域によっては，デジタルドリル（AIドリル）等のアプリケーションが導入されたり，デジタル教科書が導入されたりして，ICT*7を活用した授業が推進されている。今後，教員は，デジタルスキルを身に付けておくことが必須になると考えられる。

　教員の労働環境をめぐる状況は，どのようになっているのだろうか。OECD*8（経済協力開発機構）が行ったTALIS*9（Teaching and Learning International Survey）では，日本の教員の仕事時間は参加した48か国中最長であり，中学校での課外活動（スポーツ・文化活動）については，調査に参加した48か

*5　班ノート：その日のできごとや自分の思い等を記述していく。班の中で一日ごとに，順番に回して書いていく。他の生徒の記述を読んで感想を書くこともでき，生徒と教員，生徒同士のコミュニケーションを促すことができる。

*6　GIGAスクール構想：第6章 p.58，側注15参照。

*7　ICT：第6章 p.58，側注14参照。

*8　OECD：1961（昭和36）年に設立された国際組織で，政治及び軍事以外の経済及び社会のあらゆる分野にわたって広範囲に意見及び情報を交換し，各国の政策の調和を図ることを目的としている。国際的な学習到達度に関する学力調査であるPISA（Programme for International Student Assessment）を3年ごとに実施し，各国に情報提供している。

*9　TALIS（国際教員指導環境調査）：学校の学習環境と教員の勤務状況に焦点を当て，OECDが実施している調査。2006（平成

18）年に第1回調査が行われ 2013（平成25）年に第2回，2018（平成30）年に第3回の調査が実施された。日本は第2回から参加している。

参考URL: 国立教育政策研究所ホームページ https://www.nier.go.jp/kokusai/talis/index.html

＊10　スポーツ庁「運動部活動の地域移行に関する検討会議提言−少子化の中，将来にわたり我が国の子供たちがスポーツに継続して親しむことができる機会の確保に向けて−」2022.を参考にしてほしい。

https://www.mext.go.jp/sports/b_menu/shingi/001_index/toshin/1420653.00005.htm

＊11　学校における働き方改革については，文部科学省が「改訂版 全国の学校における働き方改革事例集（令和4年2月）」を公表しているので参考にしてほしい。

https://www.mext.go.jp/a_menu/shotou/hatarakikata/mext_00001.html

国の平均が1.9時間/週であるのに対して，日本は7.5時間/週となっており，参加国中では最も長いという結果になっている。

　教員へのインタビューでも，部活動の負担感は多く聞かれる。部活動については，スポーツ庁の「運動部活動の地域移行に関する検討会議」において提言＊10 がとりまとめられ，これまで学校教育の一環として行われてきた運動部活動が，今後は学校単位から地域単位での活動に積極的に変えていくことが推進されようとしている。

　最近では，教育委員会主導で，いわゆる「働き方改革」＊11 に取り組む学校が多い。例えば，「部活動終了後の最終下校時間を 17：30 に設定している」「退勤時刻を早くするために，授業開始の時刻を前倒ししている」「土曜日と日曜日のいずれかは部活動をしないようにしている」等の方策がとられている。

　ある教員は「授業と生徒指導と部活動の全体を 10 とすると，授業が1.5，生徒指導が6，部活動が2.5になる」と，授業よりも生徒指導に仕事の重点を置かざるを得ない状況を語り，別のベテラン教員は「最近では，学校外で，いわゆる問題行動をしてしまう子供は以前に比べて減っているものの，新型コロナウイルス感染症の影響等で，不登校や不登校傾向になっている子供が増え，学級に4，5人の学校に来られない子供がいる」と生徒指導上の実態の厳しさを訴えた。生徒指導も，中学校教員の仕事の中で，大きな割合を占めていることがうかがえる。

　部活動や生徒指導以外にも，保護者連携の難しさを語ってくれた教員もあった。その教員は「保護者の言葉は，厳しければ厳しいほど，それだけ子供のことを思っている」のだと捉えて保護者の話を聴くようにしているという。そのように聴くことで，「教員と保護者との関係が『対決の構図』から『解決の構図』に変わるような気がするし，実際そのようになることが多い」（教職10年目）と語っている。保護者の厳しい言葉をどのように受け止めるかが重要なことがわかる事例であろう。

　中学校の教員は，どのようなときに仕事の喜びや教員としての生きがいを感じるのだろう。多くの教員が「卒業式の日に，3年間を振り返って，入学した頃からの生徒たちの成長を実感したときに，なんともいえない喜びと教師としての生きがいを感じる」「多感な思春期という時期に，生徒に寄り添いながら指導をして，その子の変容や成長の場面に立ち会えたとき，すべての疲れが吹っ飛ぶのです」と語り，中学校教員は，部活動や生徒指導等に追われ，厳しい状況の中でも，生徒の成長にやりがいや生きがいを感じているといえる。

4 高等学校教員の仕事と生きがい

　学校教育法では，「高等学校は，中学校における教育の基礎の上に，心身の発達及び進路に応じて，高度な普通教育及び専門教育を施すことを目的とする」（第50条）と規定されている。高等学校は，中学校とともに思春期，青年期*12 と呼ばれる時期で，生徒は自分の心身の発達や変化の中で自らを見つめ，自分自身のアイデンティティを確立していく。悩みやいらだちを教員に向けることもあるが，自分の悩みを周囲の人に相談しながら，自己を確立していく。高等学校教員は，教育相談やカウンセリング，コーチング等の知識や技能が役立つことも多い。

　教職6年目の教員は「転勤してみて，学校の雰囲気や文化，授業の内容や部活動など様々な面で，学校ごとの特色に違いがあり，最初は，戸惑った。しかし，授業や校務分掌等，自分がしなければならない仕事をしっかりと把握すれば，仕事の本質はそれほど大きな差はないと思えるようになった」と語る。例えば，高等学校は，いわゆる進学校，部活動が盛んな学校，実業高校や総合高校等，学校によってカリキュラムや教科書，進路指導等，方向性が異なる。高等学校の教員の仕事は，これらの学校間の差違に依存するところが大きな特徴であるといえる。

　部活動の盛んな学校に勤務する教職9年目の教員は「部活動が大変で，悩んでいる部分はあるが，授業をするのは，自分の専門性を生かすことができやりがいを感じる」と語る。

　表7-3は，部活動の指導に熱心に取り組む高等学校教員の一日の様子である。

　この高等学校教員（教職10年目）の場合は，大学に進学する生徒も多い公立の進学校で，しかも，地方大会で強豪といわれる女子バレーボール部を指導している。教材研究は，空き時間や長期休業やテスト期間等の部活動のないときに集中的に行なっている。

　この教員は，高等学校教員の生きがいについて「生徒の成長した姿が見られたときに，喜びや生きがいを感じるし，そのことに自分が関われていることを実感したときに生きがいを感じる」「3年間付き合って卒業の時の成長した姿を見るときの感動は，なにものにもかえがたいものがある」「部活動で指導した生徒から，『先生に出会ったから変わることができた』といわれて，先生になってよかったと思った」と語る。人の成長，特に青年期から大人に向かっての発達の一場面に立ち会えることの喜びや教科指導の専門性の追求や教材研究の楽しさ等に生きがいを感じていることがうかがえる。

*12　例えば，E.H.エリクソンの提唱した発達段階論では，人間の発達を包括的に捉えて，乳児期，幼児期初期，遊戯期，学童期，青年期，前成人期，成人期，老年期の8つの発達段階に分けて，それぞれの心理・社会的危機について述べている。青年期の心理・社会的危機は，同一性と同一性混乱の対立である。

　青年期には，「自分は何者であるか」「自分らしさとは何か」「自分は，何がしたいのか」等，多くのことに思索をめぐらし，悩む。その中で「自分は，○○だ」と自らのアイデンティティを確立していく時期である。
エリク エリクソン・ジョーン エリクソン，村瀬孝雄・近藤邦雄訳『ライフサイクル，その完結 増補版』みすず書房，2001，p.73.

表7-3　ある高等学校教員の一日

● 7：00	出勤	ショートホームルーム（SHR）の準備。
● 7：30	部活動	バレーボール部の朝練の指導。
● 8：20	職員会議	その日の連絡や学年での打ち合わせ等。
● 8：30	SHR	担任しているクラスでSHRの指導。 健康観察や諸連絡等。
● 8：45	授業	午前中4時間の国語科の授業。
● 12：35	昼休み	昼食・昼休憩。午後の授業準備等。
● 13：15	授業	午後は，6限までの時は15：05まで授業。月・木は7限 （16：05終了）まで授業。
● 15：15	SHR	諸連絡。
● 15：30	部活動	19：00頃まで，部活動の指導。
● 19：30	退勤	部活動が終わったら速やかに退勤するように心掛けている。

＊13　障害の程度については，学校教育法施行令第22条の3に示されている。

＊14　自立活動：特別支援学校や特別支援学級の教育課程に位置付けられている領域の一つである。特別支援学校小学部・中学部学習指導要領では，「個々の児童又は生徒が自立を目指し，障害による学習上又は生活上の困難を主体的に改善・克服するために必要な知識，技能，態度及び習慣を養い，もって心身の調和的発達の基盤を培う」ことが目標として示されている。

＊15　特別支援学校の紹介動画が各学校のホームページやYouTube等で公開されているので，参照してみると学習の活動や学校の様子などをイメージしやすいかもしれない。新潟県立柏崎特別支援学校や，鳥取県立鳥取盲学校の紹介動画をネットで検索視聴してほしい。

5　特別支援学校教員の仕事と生きがい

　学校教育法では，「特別支援学校は，視覚障害者，聴覚障害者，知的障害者，肢体不自由者又は病弱者（身体虚弱者を含む）に対して，幼稚園，小学校，中学校又は高等学校に準ずる教育を施すとともに，障害による学習上又は生活上の困難を克服し自立を図るために必要な知識技能を授けることを目的とする」（第72条）と規定されている＊13。特別支援学校では，障害のある幼児児童生徒たちの自立や社会参加に向けた主体的な取り組みを支援するという視点に立ち，子供たち一人一人の教育的ニーズに応じた指導や支援が行われている。

　図7-1は，特別支援学校中学部の時間割の例である。これをみると，自立活動＊14を中心とした学習活動が行われる時間として，毎朝1校時目が「更衣・体づくり・個別課題等」となっている。また，2時間連続して授業時間を確保し，「グループ学習」では，美術，職業・家庭，理科，社会を合科的に取り扱う時間や，「かがやきタイム」として総合的な学習の時間に取り組んだりする授業が設定されている。通常の中学校の教育課程よりも，生徒の実態に応じた柔軟な学習活動の展開が可能となっていることがよくわかる。

　特別支援学校＊15の教員（教職6年目）は，「私の学校では，子供たちは，スクールバスで毎日同じ時刻に登校してきます。バスから降りて，靴を履き替えて，それぞれのクラスに向かい，そこで学習の準備等をすることは，通常の学

校では，それぞれの子供たちに任されていると思いますが，特別支援学校では，それらの生活もすべて学習の一部になります」と語り，その上で，「教科の学習や自立活動等は，それぞれの子供の障害の程度や教育的なニーズにもとづいて授業が展開します。5名の生徒に3名程度の教員がついて学習をサポートします」と日々の学習の様子を語っている。あるベテラン教員は，「特別支援学校では，一人一人の様子をきちんと把握するために，障害に関する専門的な知識が必須で，研究の進展にあわせて，教員が積極的に専門性を向上し最新の知見や教育の方法等を勉強する必要がある」と日常的な研修や自己研鑽の重要性に言及する。先の若手教員も「社会での自立を見据えて，今，その子にとって大切なことは何かを考え，日々工夫しながら実践を続けている」と語る。特別支援教育に対する深い理解と高い専門性が求められることがうかがえる。

　教員としての生きがいについては，「子供を指導していて，本当に小さな変化や成長に気付けたときに，子供と共に本気で喜び合えることがうれしくてたまらない」と工夫した実践の結果，子供が変容したときの喜びが生きがいになっていることを語っている。

時刻	時限	月	火	水	木	金
9:00	1	更衣・体づくり・個別課題　等				
9:45		朝の会				
10:05〜11:45	2・3	グループ学習	国語・数学	体育／音楽	音楽／体育	グループ学習
11:45〜	4・5	給食				
12:55〜14:35	6・7	体育／音楽	音楽／体育	グループ学習　更衣・帰りの会　13:30 下校	かがやきタイム	学級生活
15:15	8	更衣・帰りの会	更衣・帰りの会		更衣・帰りの会	更衣・帰りの会

図7-1　特別支援学校中学部の時間割の例

注）奈良県立西和養護学校ホームページに掲載の時間割をもとに筆者が作成した。
参考）URL：http://www.e-net.nara.jp/sns/seiwayougo/index.cfm/1,0,81,168.html

●演習課題

課題1：自分がなぜ教員を目指そうとしたか，本章の学びを踏まえて振り返ってみよう。

課題2：教員の働き方改革がなかなか進まない背景について考えてみよう。

コラム　学習指導要領

「学習指導要領」とは，全国のどの地域の学校で教育を受けても，一定の水準の教育を受けられるようにするため，学校教育法等に基づき，各学校で教育課程（カリキュラム）を編成する際の基準（最低の基準）として文部科学省が定めたものである。小学校，中学校，高等学校，特別支援学校の校種ごとに，教育課程全般にわたる配慮事項や授業時数の取扱い等を「総則」で定め，各教科等のそれぞれについて，目標，内容，内容の取扱いを大綱的に定めている（なお，幼稚園は「幼稚園教育要領」が定められている）。

また，これとは別に，学校教育法施行規則で，例えば小・中学校の教科等の年間の標準授業時数等が定められている。各学校では，この学習指導要領や年間の標準授業時数等を踏まえ，地域や学校の実態に応じて，教育課程（カリキュラム）を編成することになる。

学習指導要領が現在のような告示の形で定められたのは 1958（昭和 33）年のことであり，それ以来，およそ 10 年に一度改訂されてきた。

2017 〜 2019（平成 29 〜 31）年告示の現行の学習指導要領では，子供たちに必要な力を 3 つの柱として整理し，各教科等の目標も，3 つの柱で構造化されている。

【育成すべき資質・能力の 3 つの柱】

○実際の社会や生活で生きて働く

　「知識及び技能」

○未知の状況にも対応できる

　「思考力，判断力，表現力等」

○学んだことを人生や社会に生かそうとする

　「学びに向かう力，人間性等」

また，これらの資質・能力の 3 つの柱を，子供たちに身に付けさせるために「主体的・対話的で深い学び（アクティブ・ラーニング）」の視点からの授業改善を求めている。子供たちが学校で用いる検定教科書も，学習指導要領に基づいて編集されている。過去の学習指導要領については，国立教育政策研究所教育研究情報データベース（URL：https://erid.nier.go.jp/guideline.html）で閲覧することができる。

第 **8** 章 学級経営，ホームルーム経営の基本

本章では「学級経営」「ホームルーム経営」の基本について，実践的な内容を紹介している。これから教職に就く皆さんは，事例もあげているので是非参考にして欲しい。なお，インクルーシブ教育の充実が求められる中，特別支援教育においてもそれを進める際のポイントについて付記しているので参考にしてほしい。

1 児童生徒の「心の居場所」づくり

　学級・ホームルームを土台として，教育課程に基づいた各種の教育活動が実践される。学級・ホームルームは，児童生徒にとって学習や生活等の学校生活の基盤に位置付くものである。そこでまずは「学級経営」「ホームルーム経営」とは何か，について明確にしてみたい。

（1）学級経営，ホームルーム経営とは

　学級経営については中央教育審議会による「幼稚園，小学校，中学校，高等学校及び特別支援学校の学習指導要領等の改善及び必要な方策等について（答申）」では，次のように記述されている[1]。

1）中央教育審議会「幼稚園，小学校，中学校，高等学校及び特別支援学校の学習指導要領等の改善及び必要な方策等について（答申）」2016，pp.54-55.

> **学級経営について**
>
> 　学校における，子供たちの学習や生活の基盤となるのが，日々の生活を共にする基礎的な集団である学級やホームルームである。これまで総則においては，小学校においてのみ学級経営の充実が位置付けられ，中学校，高等学校においては位置付けられてこなかった。

○ 今回，子供たちの学習や生活における学校や学級の重要性が，今一度捉え直されたことを受けて，特別活動においても，第2部第2章16.に示すとおり，学級活動・ホームルーム活動の中心的な意義を踏まえた上で改善が図られることが求められる。総則においても，<u>小・中・高等学校を通じた学級・ホームルーム経営の充実を図り，子供の学習活動や学校生活の基盤としての学級という場を豊かなものとしていく</u>ことが重要である。（下線は筆者）

　ここから明らかなように，学級やホームルームが，子供の学習活動や学校生活の基盤となっており，中学校，高等学校においても，小学校と同様，「ホームルーム経営」の充実が求められているということである。学級・ホームルームという集団を形成しているのはいうまでもなく個人である。学級という集団の中の一人一人を大切にすることは重要なことであるが，難しさも存在する。それは，一人一人の児童生徒の思いが，集団が目標に向かって進もうとした場合，この思いがないがしろにされてしまう危険性が生じることである。教員がこういった課題を克服していくところに学級経営，ホームルーム経営へ取り組むやりがいが生まれる。そのために，教員は，教え導く役割とともに，子供一人一人に寄り添いながらも，一緒に考えていく役割を担っていることを大事にしてほしい。

　次に各学習指導要領解説（総則編）での，学級経営について記載されている内容から考えてみたい。

表8-1 各学習指導要領解説「総則編」における「学級経営」に関する記述

小学校 学習指導要領（平成29年告示）解説　総則編	中学校 学習指導要領（平成29年告示）解説　総則編	高等学校 学習指導要領（平成30年告示）解説　総則編
第4節　児童の発達の支援 1　児童の発達を支える指導の充実 (1) 学級経営，児童の発達の支援 <u>(1) 学習や生活の基盤として，教師と児童との信頼関係及び児童相互のよりよい人間関係を育てるため，日頃から**学級経営の充実**を図ること。</u>また，主に集団の場面で必要な指導や援助を行うガイダンスと，個々の児童の多様な実態を踏まえ，一人一人が抱える課題に個別に対応した指導を行うカウンセリングの双方により，児童の発達を支援すること。	第4節　生徒の発達の支援 1　生徒の発達を支える指導の充実 (1) 学級経営，生徒の発達の支援 <u>(1) 学習や生活の基盤として，教師と生徒との信頼関係及び生徒相互のよりよい人間関係を育てるため，日頃から**学級経営の充実**を図ること。</u>また，主に集団の場面で必要な指導や援助を行うガイダンスと，個々の生徒の多様な実態を踏まえ，一人一人が抱える課題に個別に対応した指導を行うカウンセリングの双方により，生徒の発達を支援すること。	第6章　生徒の発達の支援 第1節　生徒の発達を支える指導の充実 1　ホームルーム経営，生徒の発達の支援 <u>(1) 学習や生活の基盤として，教師と生徒との信頼関係及び生徒相互のよりよい人間関係を育てるため，日頃から**ホームルーム経営**の充実を図ること。</u>また，主に集団の場面で必要な指導や援助を行うガイダンスと，個々の生徒の多様な実態を踏まえ，一人一人が抱える課題に個別に対応した指導を行うカウンセリングの双方により，生徒の発達を支援すること。

注）下線・太字は筆者

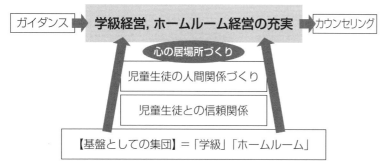

図8-1 学級経営，ホームルーム経営の充実をどう進めるか

　各学習指導要領の共通点として，「日頃から学級経営・ホームルーム経営の充実を図ること」の重要性があげられていることは着目すべき点である。学級・ホームルームは，児童生徒にとって誰に遠慮することなく自分の思いを表出でき，それを受け止めてくれる教員や友だちがいて，楽しく過ごせる場所である。そして，児童生徒一人一人の興味や関心が違うことを前提に，自分自身や他者の特徴に気付き，認めあい，また，互いに切磋琢磨し，協働し合うことで，各自のよさを伸張し合うことができる場でもある。このように学級・ホームルームは，児童生徒にとって学習や生活の基盤であり，担任にとっては，児童生徒の信頼や意欲をつくりだし，自己肯定感を高めさせていく教育活動の実践の場であるといえる。

　図8-1のように，学級経営，ホームルーム経営の充実を進めようとした場合，まずは，教員と児童生徒との信頼関係を構築しなければならない。そこでの関係性をベースに，次のステップとして，児童生徒相互のよりよい人間関係を育てることがポイントとなる。その際，「ガイダンス」や「カウンセリング」等の活用によって学級経営，ホームルーム経営の充実に結びつくのである。ここでいう「ガイダンス」とは，学校教育のなかで展開される学業指導（オリエンテーションを含む），進路指導，適応指導，保健指導などの教育活動を指す。また，「カウンセリング」とは，教員が児童生徒の話を傾聴したり受容したりしながら，児童生徒の心情や状況の理解に努めることによって，主体的に問題の解決を行っていけるようにサポートすることを指す。これらによって，児童生徒が，学級やホームルームにおいて，心の居場所を実感することになり，それがひいては，学級経営，ホームルーム経営の充実に結びつく。

（２）学級経営，ホームルーム経営の内容

　では，学級経営，ホームルーム経営の内容としてはどのようなものがあるだろうか。以下を参考にして欲しい。

学級経営に関する内容 [2]

- 学級経営の内容と果たす役割（学級経営の内容（学級目標設定，好ましい人間関係や集団づくり，生徒指導，教室環境の整備，保護者との連携，各種学級事務など）の理解）
- 学級経営と学年経営（学年経営案，学年会，学年行事，学級王国の問題などの理解）
- 学級の組織作り（当番活動・活動の組織作り，生活集団と学習集団の作り方や小集団活動の効果的な方法や内容）
- 児童生徒による活動の運営
- 学級集団づくり（一人一人の児童生徒の居場所づくり，人間関係づくりなどの実際）
- 日常の指導（清掃，給食，休み時間，朝や帰りなどの指導，けんかや対立など人間関係改善への指導，特別に配慮を要する児童生徒への指導）
- 保護者と連携を図った学級経営（授業参観や保護者会のねらいと工夫，学級通信など）
- 保護者への助言（家庭訪問，個人面談，個別の相談などの体系や行い方など）
- 学級事務の内容と留意事項

2) 文部科学省「教員養成部会 専門職大学院ワーキンググループ（第6回） 配付資料（資料5-2)」2005.

このように，学級経営，ホームルーム経営の内容においては多岐にわたり，並行して遂行する業務内容があることを踏まえておきたい。

また，2022（令和4）年12月に示された「生徒指導提要（改訂版）」において学級経営，ホームルーム経営について次のように記載されている [3]。

○ 学級・ホームルームは，児童生徒にとって，学習や生活など学校生活の基盤となるものです。児童生徒は，学校生活の多くの時間を学級・ホームルームで過ごすため，自己と学級・ホームルームの他の成員との個々の関係や自己と学級・ホームルーム集団との関係は，学校生活そのものに大きな影響を与えることとなります。

○ 学級・ホームルーム経営の内容は多岐にわたりますが，学級・ホームルーム集団としての質の高まりを目指したり，教員と児童生徒，児童生徒相互のよりよい人間関係を構築しようとしたりすることが中心的な内容と言えます。

○ 年度当初の出会いから始まる生活づくりを通して，学級・ホームルーム集団を，共に認め・励まし合い・支え合う集団にしていくことを目指します。これは，児童生徒の居場所をつくり，失敗や間違いを通して皆で考え，支え合い，創造する集団，つまり，生徒指導の実践集団を育てることでもあります。

○ 児童生徒自身が学級や学校生活，人間関係をよりよいものにするために，皆で話し合い，皆で決めて，皆で協力して実践することを通じて，学級・ホームルームの友達のよいところに気付いたり，良好な人間関係を築いたり，学級・ホームルームの雰囲気がよくなったりすることを実感することが大切です。

生徒指導提要（改訂版）では，「学級・ホームルームは，学校における生活集団であり，学習集団であり，生徒指導の実践集団である」とし，教員は個々の児童生徒が，学級・ホームルーム内でよりよい人間関係を築き，学級・ホームルームの生活に適応し，各教科等の学習や様々な活動の効果を高めるため，学級・ホームルーム内での個別指導や集団指導を工夫する必要がある，としている。

3）文部科学省「生徒指導提要（改訂版）」2022，p.42.

4月当初に，学級・ホームルーム担任は，学校目標と児童生徒の実態を踏まえ学級・ホームルーム経営案を作成する。その中には，目標や具体的な取り組みを掲げ，実践を通して日々修正を加えながら，児童生徒が主体的に集団の質を高めたり，よりよい人間関係を築いたりしていくことになる。

生徒指導提要（改訂版）には，「その際に，児童生徒の発達を支えるという視点が重要になります。なぜなら，児童生徒は，それぞれが直面する課題を解決することによって自己実現し，自己指導能力を育んでいくからです。学級・ホームルーム経営で行う生徒指導は，発達支持的生徒指導と課題未然防止教育を実践することに他なりません」3）と述べ，学級経営，ホームルーム経営と生徒指導の関連の重要性を強調している。

これまで学級経営とホームルーム経営について概観してきた。次に明らかにしたいことは「なぜ，学級経営，ホームルーム経営を充実しなければならないのか」ということである。それは，学習指導要領が改訂され，一人一人の児童生徒に育成すべき「三つの資質能力」（知識及び技能，思考力・判断力・表現力等，学びに向かう力，人間性等）が示された。この「三つの資質能力」を活用して，これからの社会がどんなに変化しても予測困難になっても，自ら課題を見つけ，自ら考え，判断して行動し，それぞれが思い描く幸せを実現してほしいとの願いが込められた。

また，学習指導要領の内容を補完するように，2021（令和3）年1月，中央教育審議会による「『令和の日本型学校教育』の構築を目指して」では，学習指導要領の着実な実施により「一人一人の児童生徒が，自分のよさや可能性を認識するとともに，あらゆる他者を価値のある存在として尊重し，多様な人々と協働しながら様々な社会的変化を乗り越え，豊かな人生を切り拓き，持続可能な社会の創り手となることができるようにすること」4）とした。この中で特に次の三つの具体的な方向性を示した。

4）中央教育審議会「『令和の日本型学校教育』の構築を目指して」2021，p.3.

自分のよさや可能性を認識する
あらゆる他者を価値のある存在として尊重する
多様な人々と協働する

そして，学校が学習指導のみならず，生徒指導面でも主要な役割を担い，児童生徒の状況を総合的に把握して教員が指導を行うことで，子供たちに知・徳・体を一体で育む「令和の日本型学校教育」の意義を示した。

この「令和の日本型学校教育」を行うには，その前提として，学習や生活の基盤である学級・ホームルームが学びの場として「学級経営，ホームルーム経営の充実」が求められる。

また，「令和の日本型学校教育」の中で，特に着目する必要がある内容として，教員は「教職生涯を通じて探究心を持ちつつ自律的かつ継続的に新しい知識・技能を学び続け，子供一人一人の学びを最大限に引き出す教師としての役割を果た」[5] すことが求められている。

さらに，学校教育の本質的な役割として「安全安心な居場所・セーフティーネットとしての身体的，精神的な健康の保障」[6] が示された。特に，小中学校の義務教育課程においては，児童生徒が多様化し学校が様々な課題を抱える中であっても，決して誰一人取り残さないということを徹底することが重要である。そのためには，学級経営，ホームルーム経営を充実させ，児童生徒の居場所をつくるとともに，多様な能力・適性，興味や関心等に応じた学びを実現することが教員には求められている。

5)　4) と同じ，p.22.

6)　4) と同じ，p.7.

2 学級・ホームルーム担任の役割
―主役は児童生徒―

学校は，児童生徒にとって伸び伸びと過ごせる楽しい場所でなければならない。児童生徒一人一人は興味や関心等が異なることを前提に，児童生徒が自分の特徴に気付き，よいところを伸ばし，自己肯定感をもちながら，日々の学校生活を送ることができるようにすることが重要である。

学級経営，ホームルーム経営を行う上で最も大事なことは，「児童生徒と担任の先生とのつながり」であると考える。どんなに授業が上手でも，どんなに子供同士の関係をつなぐことにたけていても，児童生徒と担任教員のつながりがないと学級経営，ホームルーム経営は成立しないといっても過言ではない。それは，学級経営，ホームルーム経営は，学級担任と児童生徒が教育活動を通して相互作用しながら，学習や学校生活の基盤となる望ましい学級を築き上げていく教育活動だからである。

（1）日頃から児童生徒理解を大事にする先生

一人一人の児童生徒は，それぞれ違った能力・適性，興味・関心等をもっている。学級担任は，日頃から児童生徒に愛情をもち，きめ細かい観察や面接，

保護者との面談等から一人一人の「児童生徒を客観的かつ総合的に認識する」ことが児童生徒理解の第一歩である。

（2）自己存在感のある学級・ホームルームをつくる先生

　児童生徒に「居場所がある」ことを実感させることを大事にしたい。児童生徒の特性や個性が発揮できる役割や場を設定することが必要である。児童生徒は，認められたと感じたときに自信をつける。教員は，学校行事だけでなく学級単位での活動を児童生徒に企画させ，あらゆる場面で「互いに注目し合い，認め合える関係」を意図的につくることが必要である。加えて，様々な活動の場面で児童生徒を「褒める・認める」ことも大切である。教員が褒める・認めるという感性を持って評価することにより，児童生徒間の認め合いも生まれてくる。これからの社会で多様な他者と関わりあっていくためにも，自分と他者を共に尊重しながら，仲間意識が育つように支援していくことが大事である。自分たちのクラスみんなで「やり遂げた」「こんな素晴らしい作品ができた」「仲間とのつながりを感じた」等の思いにつながるよう，教員は常に支えることを意識したい。

（3）「わかる」「できる」喜びをもたせる先生

　特に学習場面において，わかる喜びや学ぶ意義を実感できない授業は児童生徒にとって苦痛でしかない。特にわかる喜びは次への学習意欲につながる。わかる授業の展開をしていくために，教員は教材研究，授業構想に精を出すことは当然である。もう一つ精を出すことがある。それは「授業改善」である。児童生徒のわからなさ・困難さに教員が寄り添い，理解しながら授業を改善していく取り組みが，結果としてわかる授業につながる。この内容を指導することは機械的なものではなく，そこに児童生徒の心情と実態を捉え，児童生徒に「わかった」「できた」等を実感させたいという教員の願いを込めたい。

（4）報告・連絡・相談ができる先生

　担任は，学級が軌道に乗り特に問題がないと感じているときに，知らず知らずのうちに，担任によるひとりよがりの学級経営になってしまっている場合がある。児童生徒・家庭・地域の多様化が進み，教員一人では対応できない状況下になっている。そこで「チーム学校*¹」ということが叫ばれ，全教職員の共通理解，協働体制が必要であるとされている。多くの教職員で一人の児童生徒を見守っていく，支えていくという学校文化を大事にしたい。

　担任は，常に「学校の主役は児童生徒である」ということを大事にしてほし

＊1　**チーム学校**：第9章 側注15，p.87を参照。

い。児童生徒のための学校づくり，そして学級・ホームルームづくりに力を注いでほしい。そのための留意点を示しておく。

① 集団の中で，一人一人の能力や特性を発揮できるような機会をつくる。

② 集団生活に馴染みにくい児童生徒を早期に見つけ，援助や指導を行う。

③ 集団内での人間関係の調整を図る。

④ 人権感覚を磨き，仲間意識や貢献性を高める機会をつくる。

3 特別支援教育の視点を生かした学級経営
―特別支援教育について理解し，子供の特性に応じた支援ができる―

学校には，発達障害を含む特別な教育的支援を必要とする児童生徒がいる。これまでの失敗体験から，学校生活において，積極的に取り組めない，すぐにあきらめてしまう等，様々な課題を抱えやすいため，一人一人に応じた指導や支援をすることが大切である。ここでは，特別支援教育の視点を生かした学級経営について考えてみよう。

この特別支援教育の視点を生かした学級経営は，支援を必要とする児童生徒だけではなく，すべての児童生徒にとって安心して過ごせる学級をつくることにつながる。その結果，児童生徒一人一人が心の居場所を実感し，意欲的に学校生活に取り組むことができ，不登校やいじめの未然防止などの効果も期待できるのである。

もちろん，教師は，特別支援教育について正しい知識を持ち，子供の特性に応じた支援ができるよう，研修を重ね，自身の実践を振り返ることが重要である。

支援の必要な児童生徒もそうでない児童生徒も，学校生活の中で安心していきいきと活躍するためには，一人一人を大切にした学級経営が大事になる。そのためには，丁寧な児童生徒理解がまず重要である。

児童生徒一人一人の生育歴や家庭状況，障害特性等，児童生徒たちが持つ様々な背景を把握することが大切である。目前の言動だけで判断するのではなく，保護者や前担任等からの情報も参考にし，児童生徒の意思や気持ちを読み取りながら，丁寧に実態を把握していくのである。また，一人の児童生徒に多くの教員が関わるなかで，教員間で情報を共有することも大切である。

さらに生徒指導との関連も留意したい。生徒指導上の課題を抱えている児童生徒の中には，発達障害やその傾向のある場合がある。これらの児童生徒は，対人関係や学習面等のちょっとしたつまずきをうまく解決できないことで，不登校などの二次的障害につながってしまう場合もある。これらの児童生徒には，その子の良さに注目し，「いいとこ探し」を実践することが大切である。

　また，人間関係への配慮として，対人関係が苦手な児童生徒の場合，相手にどう対応したらよいのかわからなくなってしまうことがある。そのような場合，その場面ごとに声掛けをし，対処の仕方について具体的に指導していくことが重要である。また，失敗への対処としては，失敗を恐れるあまり，意欲的に学校生活を送れない児童生徒もいる。プロセスに注目し，頑張ったことに価値があることを本人や学級全体に指導していく。

　また，児童生徒が失敗してしまった場合は，意欲を持たせる適切なアドバイスを行い，心理的負担を軽減させることが大切である。

　以上のような関わりを重ねることによって，児童生徒は自己肯定感を高め，互いを認め合える学級経営に結び付くのである。

●演習課題

課題1：教員になったら，どのような学級経営，ホームルーム経営をするか，考えてみよう。

課題2：学級目標を決める際はどのようなことに留意するか，考えてみよう。

課題3：インクルーシブ教育を進める際の留意点をあげてみよう。

コラム　　開発的カウンセリング

　現在の学校における子供を指導する上での課題は，多様化し，深刻化した状況にある。起きてしまった問題へ対応するために，対症療法的な指導や援助は当然必要であるが，問題を未然に防止するために，教員は，開発的カウンセリング（developmental counseling）に精通することが大切である。この開発的カウンセリングとは，教員が全ての子供たちを対象に，発達課題を達成させ自己実現を援助するカウンセリングのことであり，治療的カウンセリング・伝統的カウンセリングに比べ，より積極的な関わりを意図したカウンセリング技法を指す。

　ここでは，開発的カウンセリング技法の「構成的グループエンカウンター」「ソーシャルスキルトレーニング」「ストレスマネジメント教育」について概観しよう。

　まず，「構成的グループエンカウンター」（structured group encounter：以下SGE）は，今の教育現場における2つの課題，① 子供たちにふれあいのある友人関係を育むこと，② 子供たちの自尊感情を育てること，に有効な技法である。SGEは，その構成要素として，心の成長を支援する課題（エクササイズ）や感想・気持ちの分かち合い（シェアリング）を2本の柱とし，グループ（学級等）内において，メンバー（子供）の① 自己理解，② 他者理解，③ 自己受容，④ 信頼体験，⑤ 感受性，⑥ 自己主張等の能力を促進し，豊かな人間性を培い，人間関係を深めようとするものである。その具体的な例としては，「いいとこ探し」（4〜5名のグループで，互いの良さや頑張っているところをフィードバックし合い，その後，感想を発表し，その気づきを共有し合う）等があげられる。

　次に，「ソーシャルスキルトレーニング」（social skills training：以下，SST）については，子供たちのソーシャルスキルの低下が懸念されて久しいが，こうした懸念を背景に，我が国の教育・保育現場でも，積極的ソーシャルスキルを子供たちに教えるSSTが盛んに実践されるようになっている。ソーシャルスキルとは，「対人関係を円滑に運ぶための知識とそれに裏打ちされた具体的な技術やコツの総称」を指す。SSTの具体的な例としては，「基本的な関わりスキル：① あいさつ，② 自己紹介，③ 上手な聴き方，④ 質問する」等があげられる。

　最後に「ストレスマネジメント（stress management）教育」については，ストレスから生じる不適応症状に至る前に心や体に目を向け，ストレスへの対処技法の習得を目指すものである。そして，ストレスがあっても，それをうまく利用して自分の成長の糧にできるよう，適応力の向上を図っていく。その具体的な例としては，「授業例：よいストレス対処法を身に付けよう」（緊張や不安を和らげるためにリラックスすることの重要性を確認させ，肩の動作法等のセルフリラクセーションやペアリラクセーションを行わせる。リラクセーション体験により，自分自身のストレスの変化に気付かせ，自分自身の体に意識を向けさせることで，徐々にリラックスの仕方を体得できるようにさせる）等があげられる。

第 **9** 章 生徒指導の実際

生徒指導について,「生徒指導提要」は「児童生徒が,社会の中で自分らしく生きることができる存在へと,自発的・主体的に成長や発達する過程を支える教育活動のことである」[*1]と定義している。また,生徒指導は児童生徒の発達段階や,学校種に応じて組織的かつ体系的に行われ,児童生徒自身が,自己の良さや可能性に気付き,社会性を身に付けるとともに自己実現を図るために指導や援助を行うものである。

　生徒指導[*2]は,教員と児童生徒との信頼関係の上に成り立つものであり,また学校生活での様々なふれあいを通して,その関係の深化が期待される教育活動である。

1　小学校における生徒指導の実際

　生徒指導は,各学校が教育目標を達成する上で,学習指導と並んで重要な意義を有するものである。また,生徒指導と学習指導は関連付けて行われることから,学級担任制を基本とする小学校においては,特に学級担任が生徒指導に深く関わることとなる。

(1) 児童理解と学級経営

　生徒指導を適切に進めるためには,一人一人の児童を正しく理解すること,すなわち児童理解が重要とされる。

　次に,児童理解を進める上では,学習面,健康面,家庭面,友人関係等の基本情報に加えて,日常的な関わりの中で観察や面接等を通して多くの情報を収集することが求められる。また,養護教諭,スクールカウンセラー (SC),スクールソーシャルワーカー (SSW)[*3],学校支援ボランティア等と情報共有を図り,得られた情報に対して多面的・多角的に分析を行い,正しい児童理解へ

＊1　**生徒指導提要**
(改訂版,文部科学省,2022, p.12.):生徒指導に関して,小学校から高等学校の教職員向けの手引き書として,生徒指導の理論・考え方や実際の指導方法等を示したもの。2022(令和4) 年12月に,12年ぶりに改訂された。

＊2　「生徒指導」は小学校段階から高等学校段階の子供を対象とするため,小学校における指導も「児童指導」ではなく「生徒指導」と表記する。

＊3　**スクールソーシャルワーカー**:いじめや不登校,虐待,貧困等,学校や日常生活における問題に直面す

とつなげていく。そして，これらを基盤として，児童と良好な人間関係を築いた上で，適切な個別指導や集団指導を行うのである。

また，学級経営については，すべての児童が担任及び他の児童と良好な関係にあり，学級が安心できる居場所として実感できるように進めていく。規律と温かみのある学級においてこそ，児童は自己の存在感や有用感を実感し，人間関係形成能力や自己指導能力を伸長させていくのである。

（2）幼児教育との接続

小学校教育は，家庭や地域での教育に加えて，幼児期の教育の成果の上に行われるものである。ところが，小学校入学当初，学校生活への不適応を示す児童が数多くみられ，安定した学校生活が成立しない状況が生まれている。こうした問題は，「小1プロブレム」と称され，いずれの学校や学級においても起こり得る問題として広く認識されている。

こうしたことから，特に1年生の段階では，生活科を中心としたスタートカリキュラム[*4]を編成し，児童の自発性を前提とする指導を行う。そして，およそ2年生の段階を目途として，すべての児童が小学生としての基本的生活習慣を確立させ，学級活動や教科学習に主体的に取り組んでいくように導く。また，関係する幼稚園，保育所，認定こども園とは，園児と児童の交流や教職員同士の情報交換等を行い，教育目標や教育課題の共通理解を図ることが重要である。そして，幼稚園教育要領，保育所保育指針，幼保連携型認定こども園教育・保育要領に示された「幼児期の終わりまでに育ってほしい姿」[*5]の中で，特に「④道徳性・規範意識の芽生え」を踏まえた指導を行う。

（3）いじめへの対応

いじめ[*6]の認知件数は増加傾向にあり，特に小学校においてその傾向が顕著である。いじめ対策として2013（平成25）年には「いじめ防止対策推進法」が制定された。

2021（令和3）年度の小・中・高等学校及び特別支援学校における認知件数は615,351件（うち，小学校500,562件）であり，前年度よりも増加し，依然として高止まりの状況にある。なお，直近5年来の認知件数の増加は，各学校や教育委員会が，積極的にいじめの早期発見と早期解消に向けて取り組んだ結果，増加したとも考えられ，以前の認知件数と比較するのは注意する必要がある。しかしながら，いじめを背景とする自殺や不登校等，「重大事態」[*7]の発生件数は増加しており，事態の深刻化が進んでいると考えられる。

次に，いじめの態様（小学校）については，「冷やかしやからかい，悪口や脅

る子供と家庭を支援する専門職員。現在，自治体により実施形態は様々であり，各学校に配置される「配置型」のほか，必要に応じて対応する「派遣型」「巡回型」等がある。

＊4　スタートカリキュラム：文部科学省では，5歳児から小学校1年生を「架け橋期」として位置付け，5歳児のスタートカリキュラムと小学校低学年のアプローチカリキュラムを一体的に捉えて編成する「幼保小の架け橋プログラム」を構想している。

＊5　幼児期の終わりまでに育ってほしい姿：要領，指針，教育・保育要領には，子どもの小学校就学時までに生きる力の基礎として育みたい資質・能力として10の姿を示している。

＊6　「いじめ」の定義：第4章コラム，p.42を参照。

＊7　「重大事態」の定義：いじめ防止対策推進法（第28条）では，「いじめにより当該学校に在籍する児童等の生命，心身又は財産に重大な被害が生じた疑いがあると認めるとき」，「いじめにより当該学校に在籍する児

し文句，嫌なことを言われる」が最も多く，「軽くぶつかられたり，遊ぶふりをして叩かれたり，蹴られたりする」，「仲間はずれ，集団による無視をされる」等が，次いで多くみられている。また，近年の傾向として「パソコンや携帯電話等で，ひぼう・中傷や嫌なことをされる」が2021（令和3）年度において，全校種の合計で21,900件〔2014（平成26）年度：7,898件〕と増加傾向が続いている [1]。

こうした事態に対応するため，教員にあっては，いじめは重大な人権侵害であり，絶対に許されない行為であることを深く認識し，① いじめの未然防止，② 早期発見，③ 適切かつ迅速な対処を組織的に行わなければならない。「特別の教科　道徳」を中核に，すべての教育活動を通して，「いじめをしない態度や能力」を身に付けさせるとともに，学級活動を通して「お互いの人権を尊重し，いじめを許さない」学級・学校づくりを進める必要がある。

童等が相当の期間学校を欠席することを余儀なくされている疑いがあると認めるとき」を重大事態としている。

1) 文部科学省「令和3年度 児童生徒の問題行動・不登校等生徒指導上の諸課題に関する調査結果の概要」2022, p.7.

事例 9-1　いじめへの対応事例 小学生

加害児童：小学6年生A　被害児童：小学5年生B

C校では，定期的にいじめアンケートを実施していたが，実際にはいじめが起こっているにもかかわらず，いじめが起こっていないと回答している場合が多いと認識した〔校内生徒指導委員会・休み時間に，AがBに肩パン（相手の肩を強く叩く）を繰り返していたが，Bは誰にも相談していない等〕。そこで，児童会から，全校集会での呼びかけとして，「いじめは決して許される行為ではない」「いじめ被害者に非はない」「いじめに関する相談は正しい行いで，いじめている児童のためにもなる」等を行った。当然，教員側も，連携して指導を重ね，併せて定期教育相談の充実やスクールカウンセラー（SC），スクールソーシャルワーカー（SSW）等専門家との連携も強化していった。また，児童会メンバーへのサポートも並行して行った。その結果，児童から教員への相談や情報提供が増え，早期対応，解決につながる事例が増えていった。（事例提供：住本克彦）

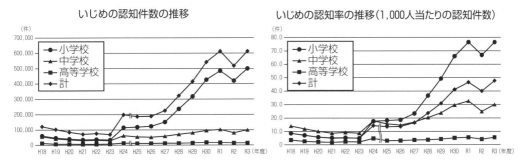

注）平成25年度から高等学校通信課程を調査対象に含めている。また同年度からいじめの定義を変更している。
出典）文部科学省「令和3年度 児童生徒の問題行動・不登校等生徒指導上の諸課題に関する調査結果」2022.

図 9-1　いじめの認知件数の推移

（4）児童虐待への対応

児童虐待は，被害児童[*8]の心身に傷を負わせるだけでなく，成長・発達や人格形成に大きな影響を及ぼし，その後の人生全般に大きな問題を残すものである。児童相談所による児童虐待対応件数[*9]は，1990（平成2）年の1,101件から，2000（平成12）年の「児童虐待の防止等に関する法律」（以下，「児童虐待防止法」）制定時には，17,725件に増加し，2021（令和3）年は207,660件（速報値）を数えている（厚生労働省「福祉行政報告例」）。

児童虐待防止法では，国民すべての役割として，虐待を受けたと思われる児童について，市町村や児童相談所等への通告を義務付けている。また，学校などには努力義務として，① 虐待の早期発見，② 児童虐待の予防・防止，③ 被虐待児童の保護・自立支援に向けての関係機関への協力，④ 児童虐待防止のための啓発等が示されている[*10]。特に小学校段階では，児童自身が虐待を受けていることを自覚していない，もしくは周囲の大人に伝えていないという場合も想定されるため，教員は児童観察に努めるとともに，家庭や地域情報の収集を行い，早期発見に努めなければならない。

2　中学校における生徒指導の実際

中学校における生徒指導は，義務教育の最終段階にあることから，生徒に対して，自己の存在と社会との関係をより強く意識させる中で行われる。そして，中学校の3年間は，心理面や身体面で大きな変化が起きる時期であり，子供から大人への移行期にあることから，学級担任による指導を基盤としつつ，学校管理職及び生徒指導主事を中心に組織的に取り組むことが求められる。

（1）教育相談の実施

中学生は，大人や既成の価値観に対して疑問や反発を感じ，様々な葛藤を繰り返す中で自分の生き方を模索し始める。また，仲間同士の評価を強く意識するとともに，性意識の高まりとともに異性への興味・関心が高まる時期でもある。こうした発達段階にある中学生に対して，適切な教育相談を行うことで，それぞれの個性や興味・関心に応じて自己実現[*11]に向けた指導を行うのである。

教育相談とは，生徒が学校生活を送る上で直面する様々な問題について，教職員がカウンセリング・マインド[*12]をもち，受容と共感的理解を示しながら解決に向けた指導・助言を行うものである。生徒指導は概して，集団や社会の

*8　児童福祉法による「児童」は，18歳未満の子供すべてを対象としており，学校教育法に規定される「学齢児童（小学生）」のみを対象とするものではない。

*9　2021年度調査結果の主な内容別発生率は，① 身体的虐待（23.7%），② ネグレクト（15.1%），③ 性的虐待（1.1%）心理的虐待（60.1%）である。

*10　虐待の有無を判断するのは児童相談所等であるため，学校は虐待の確証がないことや保護者との関係悪化等を懸念して通告をためらってはならない。また，児童虐待防止法第6条第3項の規定により，法令上の守秘義務違反に該当しない。

*11　**自己実現**：自分の夢や理想の実現に向けて努力し，それを成し遂げること。

*12　**カウンセリング・マインド**：本章コラム，p.94，第11章側注2，p.110を参照。

一員として求められる資質・能力を身に付けることに主眼が置かれるが，教育相談は生徒一人一人の課題に寄り添うことが基本とされる。そのため両者の指導や支援に関する手順や方法に違いが生じることがあるが，あくまで教育相談は生徒指導の一環として行われるものである。そして，生徒指導上の諸課題の未然防止や早期発見・早期対応のための教育相談を，学級担任や教科担任はもとより，すべての教職員により実施することが重要である。

（2）生徒指導体制

中学校には，学校教育法施行規則の規定により生徒指導主事が配置されており，その役割は，「校長の監督を受け，生徒指導に関する事項をつかさどり，当該事項について連絡調整及び指導，助言に当たる」（同規則第70条第4項）こととされる。そして，中学校における生徒指導を組織的，体系的に進めるため，生徒指導主事を主担当として生徒指導担当教員，養護教諭[*13]，各学年生徒指導担当教員等で構成された生徒指導部が組織される。

近年，生徒指導に関わる諸課題が多様化，複雑化する中で，問題行動[*14]の早期発見・早期対応や，関係機関との連絡・調整等を効率的かつ効果的に進めるうえで，「チーム学校」[*15]としての体制づくりが求められる。そのためには，学校としての生徒指導の方針や規準を明確にした上で，全教職員で共通理解をもち，共通実践を行う。また，学年団や他の分掌においても，生徒指導に関する取り組みを生徒指導部に一任するのではなく，生徒指導部と連携しながら，それぞれが主体として取り組むことが必要となる。

（3）不登校への対応

不登校とは，病気や経済的な理由以外の理由で，登校しない，あるいはしたくてもできない状態のことをいう。従来は「問題行動」の一つとみなされ，「登校拒否」と呼称されていたが，1990年代以降にはどの子供にも起こり得る教育課題であるとの認識が広がり，不登校という表現が用いられるようになった。また，文部科学省では，小中高校生（特別支援学校を含む）で，年間30日以上欠席した者の人数を，「不登校児童生徒数」として公表している。2021（令和3）年度における小中学校の不登校児童生徒数は244,940人（中学生163,442人）であり，9年連続で増加し，過去最多となっている（図9-2）。そして，不登校の要因としては，「無気力，不安」が最多（小学生49.7%・中学生49.7%）となっており，「生活リズムの乱れ，あそび，非行」，「学業の不振」の他，親子・教職員・友人との人間関係等があげられている[2]。

不登校への予防的対応としては，特に所属の学級が安全で安心して過ごせる

*13 **養護教諭**：学校内の児童生徒の心身の保健管理，保健教育，健康相談をつかさどる教職員のことをいう。保健室の先生といわれる。養護教諭は立場上児童生徒の心身の健康問題を発見しやすい。

*14 **問題行動**：社会規範から逸脱していたり，好ましくない行動のこと。いじめ，不登校，反社会的行動等。特に，中学校入学当初，環境の変化への対応がうまくいかずに，不登校や暴力行為の発生件数が増えるなど「中1ギャップ」と称される事態が起きている。

*15 **チーム学校**：校長のリーダーシップの下，教育課程，教育活動，学校の資源が一体的にマネジメントされ，教職員等が，それぞれの専門性を生かして能力を発揮し，子供たちに必要な資質能力を身に付けさせることができる学校のことをいう（文部科学省）。背景には，複雑・多様化した学校教育の現場において学校の運営をチームとして捉え，教員，カウンセラー，ソーシャルワーカー等の専門職員，教育支援専門職員のそれぞれが

強みを生かし，業務を分担することで質の高い教育を実現していくというねらいがある。

2) 1)と同じ，pp.15-18.

居場所となるような取り組みが求められる。親和的な学級経営や支援的な教科指導を通して自己肯定感や自己有用感*16を育んでいくのである。次に，全教職員が生徒観察に当たり，小さな変化や困りごとを察知し，支援的な関わりを行う。なお，不登校の状態が継続する生徒については，医療機関や公的機関との連携や，不登校特例校，教育支援センターや民間のフリースクール等を活用し，義務教育としての学習保障を行うことが求められる。

事例9-2　不登校の生徒への対応事例 中学校2年生

　経過：当該生徒は，中学2年に進級し，5月の連休までは登校していたが，連休明けから登校できない日が増えていった。6月以降は全く登校できなくなった。

　支援内容：① まずは原因を的確に把握するため，教育相談担当者，学級担任，養護教諭，スクールカウンセラー等の関係者で協議した。その結果，授業についていけないことが原因だと認識できた。② 保護者の意見も踏まえ，専門機関の支援が適切だと判断し，教育支援センターを紹介した。見学から勧め，当該生徒が納得するまで丁寧に対応していった。③ 教員，保護者，教育支援センター指導員等の関係者との連携を密にし，当該生徒への指導・支援について共通理解を図った上で，それぞれの役割を明確にしながら支援を重ねていった。④ 学習の遅れについて強い不安をもっていたので，学級担任が，当該生徒が納得した上で毎週の学習支援を積み重ね，さらに，教育支援センターでも並行して学習支援を重ねていった。⑤ そのような中，当該生徒から「体育祭に参加したい」との発言があり，これをきっかけにして登校が定着するようになった。（事例提供：住本克彦）

*16　**自己肯定感と自己有用感**：「自己肯定感」は自尊感情ともいわれ，自分をかけがえのない存在として肯定的に受け止めることができる感覚をいう。一方，「自己有用感」は，他者から認められることで自己肯定感を得ることができる感覚をいう。

*17　学校教育法第35条第1項の規定による。出席停止を命じた市町村教育委員会は，当該児童生徒に対して出席停止期間中の

（4）生徒指導に関する法制度

　学校教育法第11条の規定により，教員は生徒指導の過程において，教育上の必要があると判断された場合，叱責をしたり処罰したりする等，懲戒を行うことができる。ただし，同法により体罰は明確に禁止されており，懲戒の内容が過度に身体に負担を与えたり，肉体的苦痛を強いたと判断される場合は体罰と判断される場合がある。なお，身体に侵害や苦痛を与えた場合であっても，児童生徒による暴力行為への防衛のための行為は，体罰には該当しない。また，小中学校では停学を命じることはできないが，市町村教育委員会は，性行不良であり他の児童生徒の教育に妨げがあると判断された場合は，当該児童生徒の保護者に対して出席停止を命じることができる*17。

　次に，学校生活の決まりを定めた校則についてであるが，校則の制定やその内容に関して法令上の規定はない。つまり，校則とは，各学校の教育目的の実現のために社会通念上，合理的と認められる範囲のものを学校の判断で定めた

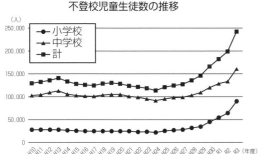
不登校児童生徒数の推移

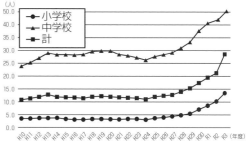
不登校児童生徒数の推移(1,000人当たりの不登校児童生徒数)

出典）文部科学省「令和3年度 児童生徒の問題行動・不登校等生徒指導上の諸課題に関する調査結果」2022.

図 9-2　不登校児童生徒数の推移

 もので，校則を制定する権限は，学校運営の責任者である校長にある。校則を遵守させる指導は，生徒に規律ある学校生活を送らせる上で必要であるが，その理由や背景についても十分に理解させておかなければならない。また，生徒会活動や学級活動を通して，校則の見直し[*18]を積極的に行うことで，生徒自身が「自分たちで決めたルールを自分たちが守る」という意識と態度を身に付けていくとよい。

3　高等学校における生徒指導の実際

　高等学校の3年間は，保護者の庇護を離れ，社会に貢献する自立した大人となるための準備段階に当たる。また，民法の改正により，2022（令和4）年から成人年齢が引き下げられたため，18歳を迎えた高校生は成人としての扱いを受けることになる。こうしたことから，高等学校における生徒指導は，社会の一員としての自覚と責任ある態度を身に付けさせる上で，キャリア教育（進路指導を含む）と関連付けて行われことが求められる。

（1）キャリア教育（進路指導含む）の実施

　生徒指導は，① 成長を促す指導，② 予防的な指導，③ 課題解決的な指導の3層から構成されているが，キャリア教育は，生徒の社会的な自己実現を支援するためのものであり，成長を促す指導と不可分の関係にある。「高等学校学習指導要領（平成30年告示）」では，キャリア教育の目標を「生徒が，学ぶことと自己の将来とのつながりを見通しながら，社会的・職業的自立に向けて必要な基盤となる資質・能力を身につけていくこと」〔第1章総則第5款1(3)〕としている。なお，キャリア教育そのものは，小学校段階[*19]から実施されるものであり，より具体的な進路選択の指導は中学校[*20]・高等学校で行われる

学習支援措置を講じなければならない（同条第4項）。

[*18]　文部科学省では，「校則の見直し等に関する取組事例について（事務連絡）」（令和3年6月8日），及び「生徒指導提要」において，地域や社会の現状を踏まえていなかったり，その意義を適切に説明できない校則については見直さなければならないとしている。

[*19]　小学校段階の目標は「働くことの大切さの理解，興味・関心の幅の拡大等，社会性，自主性・自律性，関心・意欲等を養う」（文部科学省「キャリア教育の推進」（https://www.mext.go.jp/apollon/mod/pdf/mext_propulsion）こととされている。

[*20]　中学校段階では，「社会における自

らの役割や将来の生き方，働き方などを考えさせ，目標を立てて計画的に取り組む態度を育成し，進路の選択・決定に導く」（文部科学省「キャリア教育の推進」）こととされている。

3）1）と同じ，p.24.

＊21　キャリア・パスポート：小学校から高等学校までのキャリア教育に関わる活動について記録されたポートフォリオ。活動記録に基づいた振り返りや省察，教師による指導・評価をまとめている。2020（令和2）年度よりすべての小学校・中学校・高等学校に導入されている。

＊22　高等学校卒業程度認定試験：文部科学省が実施する大学入学資格検定（大検）を前身とする制度。この試験に合格した場合，「高等学校を卒業した者と同等以上の学力がある」とみなされ，また大学・専門学校の入学試験の受験資格を得ることができる。

4）厚生労働省，警察庁「令和3年中における自殺の状況」2022，p.2.

5）1）と同じ，p.26.

ことから，キャリア教育は進路指導を包含するものである。

高等学校でのキャリア教育は，進路指導主事（進路指導部長）を責任者として，進路指導担当教員，各学年進路指導担当教員らによる進路指導部が設けられる。そして，特別活動の時間を活用してキャリアガイダンスや職場体験活動の実施，進路先の情報収集と提供等を行い，生徒の進路選択を支援するのである。また，日々の学校生活の中で，学級担任による進路相談や教科担当者によるキャリア形成に資する学習指導が行われるのである。

（2）中途退学への対応

中途退学とは，校長の許可を受け，または懲戒処分を受けて退学すること等をいう。2021（令和3）年度の高等学校における中途退学者数は38,928人〔2015（平成27）年度49,263人〕を数え，中途退学者の割合は1.2％〔2015（平成27）年度1.4％〕となり，全体としては減少傾向にある[3]。しかしながら，依然として多くの生徒が生活，健康，学業，進路等の問題から進路変更を余儀なくされており，コロナ禍による中途退学という新たな課題も生まれている。

中途退学を防ぐ手立てとしては，まず中学生に対する丁寧な進路ガイダンスの実施と中学校から引き継ぐ「キャリア・パスポート」[＊21]の有効活用である。中途退学の多くは高校生活への不適応から起きるため，特に1年生に対して高校生活が円滑に進められるよう支援を行う。また，すべての教職員による日常的な生徒観察により，学校生活に対して疎外感をもつ生徒を早期に発見し，適切な教育相談を実施し，就学の継続を促すのである。なお，中途退学をしたが大学進学を希望する生徒に対しては，進路変更先との情報共有や，高等学校卒業程度認定試験[＊22]の情報提供等，継続的な支援が求められる。

（3）自殺への対応

我が国における全自殺者数は，2021（令和3）年は21,007人（前年比74人減）[4]であり，ここ数年来21,000人前後で推移している。小中高校生の自殺者数は，ここ数年来，300〜400人程で推移しているが，2021（令和3）年度は368人（うち高校生251人）[5]であった。また，学年別では中学，高校ともに最終学年の3年生が最多であり，月別では夏季休業期間に当たる8月や始業後の9月が多い。

自殺の予防に向けては，「命を大切にする教育」による支援的な指導に加えて，生徒自身が心の危機に気付く力とそうした状況を誰かに相談しようとする態度を身に付けられるよう指導する。次に，教育相談コーディネーター[＊23]や養護教諭を中心とする教育相談体制を構築し，自殺の危険性がみられる生徒に

対しては，情報共有を図りながら，適切な教育相談を組織的に行うのである。なお，実際に自殺や自殺未遂が起きた場合は，校長のリーダーシップの下，他の生徒への心のケアを含めて，組織としての危機対応（リスクマネジメント）を行うことが求められる（第11章コラム，p.118参照）。

（4）関係機関等との連携

高度情報化社会を迎え，価値観の多様化が進み，従来の生活様式や規範意識が変化する中，多様な背景を有する児童生徒が増えている。それに伴い，生徒指導上の諸課題も多様化し，指導の方針や方法についても不断の見直しと改善が求められる。ここでは，これまでに示した生徒指導上の諸課題に加えて，特に高校生に関わりの深い事項をとりあげ，その課題と対処方法を示す。

主たる現代的な課題のタームとしては，① 暴力行為，② 少年非行，③ 飲酒・喫煙・薬物乱用，④ 性非行・性的マイノリティ＊24，⑤ 貧困・ヤングケアラー＊25，⑥ インターネット・携帯電話等があげられる。これらの対応方策として，いずれにおいても必要とされるのが，関連機関等との連携である。従来から関係の深かった警察や地域団体に加えて，対象生徒に発達障害等がある場合は医療機関との連携が必要となり，家庭環境に問題がある場合は児童相談所や行政の福祉部門との連携が必要となる。また，インターネット問題については，PTA等との連携による保護者への啓発活動や，生徒会による自主規制を促すことが必要となる。そして，学校は，これらの関係機関と常に情報共有を図り連携・協働することで，未然防止と早期発見・早期対応に努めるのである。

4 特別支援学校における生徒指導の実際

ここでは一つの事例からみていくこととする。

事例 9-3　場面緘黙（かんもく）のA児（中度知的障害）

A児は特別支援学校の小学部，中学部を卒業し，高等部に進学してきた。高等部に来るまでは家庭内で母親とは話すが父親も含め母親以外の人と話したことはない。特に男性とは全く話そうとしない。母親との会話は簡単な日常生活での会話が主である。例えば「おはよう，行ってきます」等の挨拶，買い物での「おやつ買って，消費税は何ぼ（いくら）？」等の話はできる。学校では小学部に入学してから中学部までの9年間は一度も声を発したことはない。

＊23　**教育相談コーディネーター**：生徒指導上の問題の解決に向けてスクールソーシャルワーカーやスクールカウンセラー，他の教職員及び関係機関等との連絡調整を行う教員（兼任）をいう。

＊24　**性的マイノリティ**：LGBTQ等，「性」のあり方が多数派の人と異なっていることで不利益を被っている少数派の人。

LGBTQ：Lesbian（レズビアン，女性同性愛者），Gay（ゲイ，男性同性愛者），Bisexual（バイセクシャル，両性愛者），Transgender（トランスジェンダー，出生時の性別と性自認が一致しない者），Questioning（クエスチョニング，セクシャリティが定まっていない者）

＊25　**ヤングケアラー**：法令上の定義はないが，一般に，本来大人が担うと想定されている家事や家族の世話等

を日常的に行っている
18歳未満の子ども（主
に中高生）とされてい
る。

（1）目標：「A児は卒業までに教室でみんなの前で話せるようになる」

　家庭では母親とは会話ができることとスーパー等で他の人がいる場所でも買い物のときには話せるのであれば必ず学校内でも話せるようになる。買い物客には男の人ももちろんいる。男性の前で話せないということはないと見立て，学校内のA児を支援するプロジェクトチームにおいて話し合い，上記の目標を設定した。

（2）方　法

　「日常生活の指導」「生活単元学習」「作業学習」等，集団で行う学習はそのまま継続し，「話せるようになる指導」は個別指導で行うこととした。
　この個別指導は毎時間指導の反省とデータとして残すためにビデオカメラを設置し，指導のすべての時間を撮影した（保護者の了解済）。

1）仮説を立てる

　「母親以外の人の前では話したことがない」ということは，人の姿が見えなかったら話すかもしれない，と考えた。教室にA児が一人でいて会話ができる方法，姿は見えない方法がよい。そこで有線の電話機を使って異なる場所からの会話ならできるかもしれないとの仮説をプロジェクトチームは立てた。

*26　シェイピング
法：目標となる行動を
スモールステップに分
けて，簡単なもの，で
きそうなことから教
育・学習していく技法
である。主に幼い子供
や発達に障害のある児
童生徒に社会的に必要
な行動を習得する目的
で用いられる（漸次的
接近法とほぼ同義で使
われている）。

2）指導の実際（シェイピング法*26 に基づく指導）

① 全く姿の見えない2つ離れた教室から電話のベルを鳴らし，受話器を取るように言った。受話器から筆者の声を聞く。

② 筆者の言葉に反応して声を出すまで続ける。

③ 会話の内容を広げる。

④ 離れている教室間の距離を短くしていく。隣の教室で生の声も電話からの声も聞きながらの会話をする。

⑤ A児がいる教室の外から本人の姿を見ながら電話で会話をする。

⑥ 同じ教室内において電話で会話をし，その後受話器を持たないで会話をする。

⑦ A児と筆者以外の友だちを一人教室に入れる。次に教員を一人入れる。

⑧ 生徒2人，教師2人の人数で，ホームルームの隣の教室に移動する。

⑨ そのままホームルームに移動する。しばらくして，5人の生徒と3人の指導者を入れて会話をする。

⑩　通常の時間割に沿った中での会話ができるようにする。

（3）結　果

　ここまでの指導に要した時間は8か月であった。2月には「おはようの歌」「帰りの歌」もクラス全員の中で歌えるようになった。最初は受話器も取らなかったが，2週間後には受話器を取って筆者の声を聞くようになった。話している内容は理解できる生徒なので，よく聞いて，声は出さないが息づかいばかり聞こえていた。約1か月後には筆者が冗談を言うと受話器から笑い声が聞こえるようになった。しかし，尋ねたことに対してはなかなか声を出して答えることはできなかった。1週間に2回の個別指導で少しずつ効果が出てきた。

　最初に出た言葉は「かたやま，アホ」だった。筆者は今でも鮮明に覚えている。そこからはステップをクリアできれば次々と指導を重ねた。

　1年の3月頃には簡単な会話なら教室内で友だちや教員とできていた。しかし，まだ普通の会話ができる状況にはなかった。

（4）般化訓練プログラム

　「般化訓練」とは，訓練により獲得した力が一般の場面で出せるようになるための訓練である。例えばこの事例の場合だと，教室でない場所，担任以外の教員や友だちの前で，さらにもっと多くの言葉が出せること等である。そのための訓練期間として高等部2年のすべての時間を設定した。

　その結果，少しずつではあったが，場所や友だちや教員の人数が変化しても，出る言葉の数が一年間で多くなっていった。そして高等部3年生を卒業する頃には，登校してから学校にいる間は場所，人，内容を問わず普通に会話できるようになっていった。

（5）指導を終えて

　本事例の指導は，アセスメントから指導方法，ビデオによるデータの収集，できるようになるまでの手順についても常に検証を行いながら行った。その中でできたことに対して必ず「ほめる」ということを貫いた。A児の様子や表情から「自信」を少しずつ自分のものにしていることがよくわかった。障害がある，なしにかかわらず，指導方法や内容を計画的により詳細に考え，「失敗させない指導」を実施することで，A児の中に「自己肯定感」や「自尊感情」が育まれ，行動が変容していったことを実証できたと思う。筆者が指導に関して大事にしていることは「教育を科学する視点」と「心の教育」のコラボである。

●演習課題

課題1：不登校の児童生徒が減少しない理由について考えてみよう。

課題2：「命の大切さ」を実感させる教育の進め方について調べてみよう。

課題3：携帯電話の正しい使い方の指導はどうあるべきか考えてみよう。

コラム　　カウンセリング・マインド

　公立学校に新たに採用された教員は，勤務校で学級や教科・科目を担当しながら，教育センター等で行われる校外研修とベテラン教員の指導による校内研修を受けることになります。こうした初任者研修では，実践的指導力と使命感を養うために様々な研修が行われますが，教科指導以外では特に生徒指導に力点が置かれています。その生徒指導研修をとおして，特に若い教員に身に付けてもらいたい資質が「カウンセリング・マインド」です。

　研修を受ける新人教員からは，「教員がカウンセラーの資格を取るのですか」という疑問が寄せられますが，そうではありません。「カウンセリング・マインド」とは，児童生徒を理解しようとする際の受容・共感を基本とした教員の心の内面のあり方のことです。教員の仕事は，児童生徒の人間としての成長を支援することですから，児童生徒が様々な困難や課題を自分自身の力で乗り越えていけるように導かなければなりません。そして，教員自身が，受容，共感的理解，自己一致等といったカウンセリングの基本原則を理解し，それを実際の指導の場面で活かすことで実現されていきます。そのため，カウンセリング・マインド研修は，必ずしもカウンセラーになるためのものではなく，子供理解を深め，教育相談や教育支援を適切に行うための知識と態度を身に付けるためのものなのです。

　次に，カウンセリング・マインド研修でよく課題とされるのが，「児童生徒の自尊心や自己肯定感を高めるにはどうすればよいか」です。生徒指導に正解はありませんので，個々の児童生徒の今ある状態を肯定的に受け止め，その上で励まし，成功体験を基点として，自尊心や自己肯定感が高まるように粘り強く関わるのです。その際，気を付けることは，教員自身が心身ともに健康で健全な自尊心や自己肯定感をもっていることです。

　このように，対人援助者である教員には，「カウンセリング・マインド」を身に付け，それを態度として日々の教育活動において示すことが求められます。また，児童生徒は日々成長し，それと同時に取り巻く環境も日々変化していきます。こうした変化に柔軟に対応し，適切な生徒指導を行うためには，まずは，大学での養成段階や初任者研修の段階で，「カウンセリング・マインド」に関する基本的な知識と態度を身に付けておくことが大切です。そして，実際の学校現場において，日々，生徒指導に関わる教育活動を重ね，試行錯誤を繰り返す中で，実践的指導力を向上させていくのです。

第10章

教育実習, 教育実習事前・事後指導, 教職実践演習

「教育実習」は，実際の教育現場で実践的に学び，教職に就くための自己課題を整理して，自己の適性を考える貴重な体験である。1～3節では，教育実習の事前・事後指導を含めて，その意義や目的，ポイントを具体的に学習する。4～5節では，大学4年間の「学びの軌跡の集大成」として位置付けられている「教職実践演習」の目的とその内容，ポイントについて学習する。どちらも，教員に求められる力を身に付けるための重要な科目である。

1　教育実習の意義と目的

　教育実習は，教育職員免許法施行規則において，教員免許状を取得するための必修科目として位置付けられている。文部科学省は，「教職課程コアカリキュラム*1の在り方に関する検討会」中で，教育実習を「教育実践に関する科目」とし，学生が修得すべき資質能力を次のように示している。

　教育実習は，観察・参加・実習という方法で教育実践に関わることを通して，教育者としての愛情と使命感を深め，将来教員になるうえでの能力や適性を考えるとともに課題を自覚する機会である。
　一定の実践的指導力を有する指導教員のもとで体験を積み，学校教育の実際を体験的・総合的に理解し，教育実践ならびに教育実践研究の基礎的な能力と態度を身に付ける。

出典）教職課程コアカリキュラムの在り方に関する検討会（文部科学省）「教職課程コアカリキュラム」2017, p.29.

＊1　**教職課程コアカリキュラム**：「教育職員免許法及び同施行規則に基づき全国すべての大学の教職課程で共通的に修得すべき資質能力を示すもの」
教職課程コアカリキュラムの在り方に関する検討会（文部科学省）「教職課程コアカリキュラム」2017，p.2.
ここでは，「教育実習（学校体験活動）」となっているが，「学校体験活動」については，「今後の教育職員免許法の改正において含むこととされる見込み」となっているため，今回は言及しない。また，幼稚園・中学校・

高等学校・特別支援学校での教育実習もあるが，本章では，小中学校教育実習を中心に述べる。

* 2　**校務分掌**：校内の具体的な業務について，教職員が分担して処理するよう校内組織に定めたもの。例えば，教育実習生が生徒指導主事から実習校の生徒指導について講話を聞くこと等が，分掌の一例である。

* 3　**PDCAサイクル**：Pは計画（Plan），Dは実施（Do），Cは評価（Check），Aは改善（Action）。学校評価や授業改善に用いられている。

* 4　**学び続ける教員**：「教職生活全体を通じて，実践的指導力等を高めるとともに，社会の急速な進展の中で，知識・技能の絶えざる刷新が必要であることから，教員が探究力を持ち，学び続ける存在であることが不可欠である（「学び続ける教員像」の確立）」中央教育審議会「教職生活の全体を通じた教員の資質能力の総合的な向上方策について」（答申）2012，p.2.

つまり，具体的な教育実習の目的は，次の3点と考えられる。

① 大学で学んだ専門的知識，理論，指導技術等を，指導教員のもとで実践的に学び，幼児児童生徒理解や学習指導，生徒指導，学級経営等について，教員として必要な基礎的な能力と望ましい態度を身に付ける。

② 教職に対する自己課題を明確にした上で，教育実習を実践する。実習を通して得られた成果と課題を省察し，将来教職に就くために今後必要となる自分自身の課題を明確にする。

③ 教職に対する魅力や使命感を感得し，教職に就こうとする意欲を高める。また，教育者としての能力や適性について自己評価し，教職を自分の生涯の職として選択するかどうかについて真剣に考える契機とする。

2　教育実習の心得

（1）教育実習生に求められていること

教員にはならないが，教員免許状がほしいからというような安易な考えで教育実習に臨むことは避けるべきである。教育実習生（以下，「実習生」）を迎えるにあたり，教育現場では，管理職を中心に，指導教員や配属学級の決定，教職員への周知等，実習生がよりよい体験ができるよう入念に準備している。実際，教育現場からは，「教員を目指さない実習生に対してはモチベーションが上がらない」という声をよく耳にする。教員になるという強い意志をもち，熱意と使命感をもって取り組んでほしい。

実習中は管理職，指導教員を始め，校務分掌上* 2に位置付けられた多くの教員から指導を受けることになる。その指導を謙虚に受け止め，実習生として誠実に対応することが肝心である。実習生といえども，児童生徒はもちろん，保護者，地域の方にとっては「先生」である。実習校の組織としての一員となることから，勝手な判断による言動は厳に慎み，「報告・連絡・相談（いわゆるホウレンソウ）」最後に「報告」を行うことを忘れてはならない。

授業を実施する際には，児童生徒たちにとって貴重な1時間であることを常に意識して，教材研究を十分に行い，授業のねらいや目的をもって取り組む。そして，授業後は必ず振り返りを行って，改善点を明確にして，次の実践に生かす。PDCAサイクル* 3を活用し，児童生徒たちから少しでも「わかった」，「できた」，「楽しかった」という声が聞けるようにしたい。このことが生涯にわたって「学び続ける教員」* 4の基礎となる。

事例 10-1　児童に好奇心をもたせ，必要感を感じさせる授業の工夫

　私は，児童に必要感を感じさせられる授業をしたいと思い，第5学年の算数の授業で「大きさ比べゲーム」という活動をした。異分母分数の書かれたカードが複数枚入った封筒から2人同時にカードを引き，その大きさを競うというものである。ゲームを通して，通分のコツがつかめたときには，「そんな方法があったのか」，「もう一回やりたい」という声が上がった。算数に苦手意識がある児童も，つまずきながらも何とかして通分を習得しようとする姿がみられた。「わかった」，「できた」の喜びは，児童が目的をもって目を輝かせながら取り組んでいるときにこそ生まれるのだと体感した。

事例 10-2　授業を振り返り，改善を重ねることの大切さ

　第5学年の面積の授業で，私は，教科書通りの配当時間で授業を進めようとして，教師の一方通行の授業になり，児童の理解が追い付かないまま，悔しさの残る結果となった。この反省を活かし，児童のつまずきやすさや理解度を考慮し，求積できる図形に直す時間や公式へ一般化していく時間を児童の様子をみながら行ったり，実際に図形を操作しながら考えられたりするように工夫した。そうすると，今度は児童の意見の飛び交う様子がみられ，授業後には「先生の授業楽しかった！」と言ってくれた。児童のわかる授業を目指して，改善することの大切さを実感することができた。

　実習生のよさは，何事も真摯に取り組む姿勢にある。指導助言を受け入れて，「児童生徒たちのために何かをしたい」，「児童生徒たちの喜ぶ顔が見たい」と思いながら精一杯打ち込んでいる姿に，いつの間にか児童生徒たちは惹かれていく。それがまた自分へのやる気や自信につながっていく。教員と児童生徒間でしか感じられない相互作用を是非味わってほしい。実習生が背筋を伸ばして颯爽と歩く姿は見ているだけでも心地よい。若さは大きな力である。

　最後に，教育実習は，実習校の先生方の「自分たちの後輩を育てたい」という善意のもとに成り立っているということを決して忘れてはならない。常に感謝の気持ちをもって実習期間を過ごしてほしい。

（2）教育実習生として心掛けること

　実習期間中は，教員として学校に所属することになる。そのため，教員としてふさわしい言動が求められる。つまり，児童生徒のよきモデルであることを常に意識しておくことが必要である。以下のことは，一朝一夕には身に付かない。実習準備を開始する段階から意識して実践してほしい。

1）身だしなみ
「人は見た目が9割」というように，第一印象が大切である。つまり，最初

の出会いが肝心である。そのため，教員としてふさわしい身だしなみを心掛ける。清潔な服装はもちろん，自然な髪色にして，髪が長い場合は束ねる，短く切る等して，実習生自身の顔が児童生徒からよく見えるようにする。一方，「目で叱る，目で褒める」といわれるように，目力での指導も可能である。また，「目は口ほどに物を言う」ともいわれる。実習生は，表情よく児童生徒と接すると同時に，顔をよく見てその表情から感情を読み取った上で関わってほしい。

2）言 葉 遣 い

実習中は，何気ない言葉で児童生徒の心を傷つけることがあってはならない。普段から，相手の立場を考えた言葉遣いをする。特に，若者言葉（〜じゃないですか？，ヤバい等）は厳禁である。また，語尾を上げる話し方も直しておきたい。授業中は標準語を心掛け，場に応じた声の大きさ，明瞭な発音，イントネーション等にも配慮が必要である。正しく美しい日本語が話せる教員でありたい。言葉には「言霊」といわれるように魂がこもっている。

3）実習先での態度

遅刻や無断欠席はしてはならない。やむを得ない場合は，直ちに実習校に電話連絡をして了解を得るようにする。その後，大学の実習担当者にも必ず連絡をする。提出期限があるもの（教育実習録や学習指導案等）については，できれば余裕をもって指定された日時までに確実に提出する。また，携帯電話は出校時に電源を切って鞄等にしまい，学校内では使用しない。

4）礼儀とコミュニケーション

挨拶は，人と人とが関係を開始する第一歩である。出校したら一番に職員室に行き，「おはようございます。本日もよろしくお願いいたします」と元気に挨拶をする。また，地域ボランティアの方や地域の方々にも大きな声で挨拶をする。他にも，「よろしくお願いいたします」，「ありがとうございました」，「お世話になりました」等，相手をきちんと見て，礼儀正しい態度で言葉を発する。また，忙しくされている先生に気付いたときには，「何か私にできることがあれば，お手伝いしましょうか」という言葉が自然に出てくるようにしたい。挨拶を始めとして自分も相手も大切にした伝え方に普段から心掛ける。また，指導教員だけでなく，すべての先生方とコミュニケーションを取るように心掛ける。その姿勢が，多くの教職員から貴重な指導を受けるチャンスにつながっていく。

5）法令やルールの遵守

　法令やルールを遵守しなければならない。特に重要なものとして「守秘義務」がある。これは，地方公務員法 34 条（秘密を守る義務）第 1 項に「職員は，職務上知り得た秘密を漏らしてはならない。その職を退いた後も，また，同様とする」と定められている（私学の場合についても各校の服務規定等に同様の規定が明記されている）。児童生徒の学習状況や行動，家庭環境等，知り得た情報を実習中はもちろん実習後も他人に漏らしてはならない。実習に関する内容をSNSへ投稿する等は，言語道断である。もし違反した場合は罰則を受けることになる。また，交通ルール等の社会的規範についても同様である。実習生としてその責任を強く自覚して，不祥事を起こさないようにしなければならない。

3 教育実習事前・事後指導のポイント

　教職課程コアカリキュラムには，教育実習の事前指導・事後指導に関する事項について，その目標を「事前指導では教育実習生として学校の教育活動に参画する意識を高め，事後指導では教育実習を経て得られた成果と課題等を省察するとともに，教員免許取得までに習得すべき知識や技能等について理解する。これらを通して教育実習の意義を理解する[1]」とし，学生がその目標を達成すべき規準として，次の 2 つの「到達目標」を示している。

　　①　教育実習生として遵守すべき義務等について理解するとともに，その責任を自覚したうえで意欲的に教育実習に参加することができる。

　　②　教育実習を通して得られた知識と経験をふりかえり，教員免許取得までにさらに取得することが必要な知識や技能等を理解している[1]。

　以上を踏まえ，ここでは，事前指導と事後指導のポイントについて説明する。

（1）教育実習事前指導のポイント

1）教育実習の 3 形態の理解

　教育実習には，大きく「観察実習」「参加実習」「指導実習」の 3 種類の実習形態がある。大まかな流れを示したのが，図 10-1 である。

　「観察実習」では，学級担任（以下，「担任」）と児童生徒の双方を観察する。担任の指導や支援（発問，指示，机間指導，言葉掛け等）と，それによる児童生徒の反応（発言，態度，表情等）を対応させながら観察し，事実や感じたことを記録に取る。担任と児童生徒とのやりとりを詳細に記録することが，後の参加実習の充実につながっていく。

1）教職課程コアカリキュラムの在り方に関する検討会（文部科学省）「教職コアカリキュラム」2017，p.29.

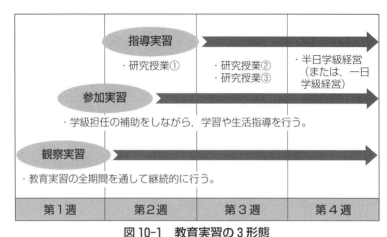

図 10-1　教育実習の 3 形態
出典）就実大学教育学部「小学校教育実習の手引き」2019，p.8.

「参加実習」では，観察に加えて担任の補助的な役割として，児童生徒へ直接指導を行う。教科指導だけでなく，特別活動（学級活動，児童生徒会活動，クラブ活動，学校行事）や日常的な登下校指導，給食指導，清掃指導等も含まれる。担任の指示に従って，積極的に児童生徒と関わるようにする。

「指導実習」では，「研究授業」と「半日（一日）学級経営」を行う。「研究授業」では，これまでの指導に基づいて，自力で学習指導案を立てて実践する。可能な限り，適切な場面で情報機器の活用[*5]も行いたい。研究授業は，学習指導における資質能力を高める絶好の機会である。参観者からの指導助言は自己課題を把握する上で貴重なものとなる。「半日（一日）学級経営」では，児童生徒たちが登校したときから半日（一日），担任としての意識をもって指導に当たる。担任することの醍醐味を味わう貴重な体験となる。どちらも教育実習の集大成となるよう十分な準備をして臨むようにする。

2）自己課題の明確化

実習を開始するに当たり，最も重要なことは自己課題を明確にしておくことである。「教職履修カルテ」[*6]活用し，現段階での教員としての資質能力についての課題を把握しておく。さらに，教育実習のどの場面でその課題を改善していきたいかということを明確にしておくことで，より充実した実習となり，教員としての適性や今後習得すべき課題を深く考えることができる。

3）実習校のリサーチ

実習校には，それぞれ学校経営方針があり，重点目標，目指す児童生徒像，特色ある教育活動等が示されている。これらは，実習校の「学校要覧」に記載

＊5　情報機器の活用：文部科学省「StuDX Styleスタディーエックス スタイル GIGA スクール構想を浸透させ学びを豊かに変革していくカタチ」には，各教科等における 1 人 1 台端末の活用として，小学校，中学校，高等学校，特別支援教育の各校種別，各教科別に例示が掲載されている。
https://www.mext.go.jp/studxstyle/index2.html

＊6　教職履修カルテ：入学の段階からそれぞれの学生の学習内容，理解度等を把握するためのもの。教職実践演習を実施する際には，個別に補完的な指導を行う。

されているが，各学校のホームページ上でも確認できる。学校の組織の一員として実習することから，学校経営方針については，熟読して理解を深めておく。これを受けて，担任が学級の実態に基づき学級経営方針を作成している。配属される学級の実態や指導方針をよく理解し，自分勝手な指導をしないようにする。

（2）教育実習事後指導のポイント

1）自己課題の省察

　教育実習後は，教育実習記録等を再度見直し，必ず振り返りをする。実習開始前に設定していた自己課題に視点を当て，実際にどこまで改善できたのか，残っている課題は何か，また，新しく発見できた自己の可能性や強みについても省察する。可能であれば，自己評価票と実習校から返却された評価票を比較しながら，大学の実習担当者との面談を実施したい。評価の一致点や不一致点を振り返りながら言語化することで，より自己課題が明確になる。場合によっては，グループワークの活用も効果的である。

2）今後の目標の設定

　自己省察を踏まえて，「教職履修カルテ」を活用して，今後の大学生活で習得すべき課題を設定する。そして，4年次の「教職実践演習」につなげて，課題の改善に向けて努力し，「先生」としての円滑なスタートを切ってほしい。

　教育実習は，教員を一生の職として選択するかどうかの重要な鍵（機会）となる。教育実習後，「絶対に先生になりたい」と，教職への意欲がより高まる学生がいる一方で，「何かしっくりこない」と教職を断念する学生もいる。当時の教育実習記録や児童生徒たちとの思い出を振り返ると，そのときの情景が蘇り，初心に帰ることができる。教育実習は，キャリアの原点となる貴重な体験なのである。

4　教職実践演習の概要

（1）教員としての資質能力を問う「教職実践演習」

　「教員って，勤務時間が長そうで大変！」「保護者との対応が難しそうで…」等，昨今の風潮として，教員の仕事に対するイメージには厳しいものがある。その一方で，大学時代に教員免許状取得に意欲を示す学生は決して少なくない。

2）文部科学省「今後の教員養成・免許制度の在り方について（答申）」（文部科学省ホームページ）

＊7　ロールプレーイング：ある課題が設定された状況の中で，自らが当事者の役割に立って演じるもので，その演じることを通じて，当事者がどのような感情を抱くかの追体験ができる。「自らを資料の場面に投影して感じ得る内容から一歩踏み込んだ気づきをもたらす手だてとしての効果的3)」方法とされる。

現在，教員免許状の取得には，課程認定大学において，「教科に関する科目」「教職に関する科目」等，小・中・高等学校教諭では 67 単位以上，養護教諭では 64 単位以上，栄養教諭では 30 単位以上の修得が必要となる。そのうちの一つである「教職実践演習」（2 単位）は，2008（平成 20）年 11 月に教育職員免許法施行規則改正により，2010（平成 22）年度以降の「教職に関する科目」として必修となり，教育実習を終えた学生に対して，4 年次後期に開講される。

この科目は「教職課程の他の授業科目の履修や教職課定外での様々な活動を通じて，学生が身に付けた資質能力が，教員として最小限必要な資質能力として有機的に統合され，形成されたかについて，課定認定大学が自ら養成する教員像や到達目標等に照らして最終的に確認するもの2)」とされる。要は，教壇に実際立つ上で，教員としてふさわしい力を備えているのか，残された課題は何なのかを確認する最終の教職科目なのである。

（2）授業の実際

文部科学省は，学生が教員として最小限必要な資質能力の全体を修得しているかを確認するための授業内容例として，次の 9 項目をあげている。

① 様々な場面を想定した役割演技（ロールプレーイング＊7）や事例研究のほか，現職教員との意見交換等を通じて，教職の意義や教員の役割，職務内容，子どもに対する責務等を理解しているか確認する。

② 学校において，校外学習時の安全管理や，休み時間や放課後の補充指導，遊びなど，子どもと直接関わり合う活動の体験を通じて，子ども理解の重要性や，教員が担う責任の重さを理解しているか確認する。

③ 役割演技（ロールプレーイング）や事例研究，学校における現地調査（フィールドワーク）等を通じて，社会人としての基本（挨拶，言葉遣いなど）が身に付いているか，また，教員組織における自己の役割や，他の教職員と協力した校務運営の重要性を理解しているか確認する。

④ 関連施設・関連機関（社会福祉施設，医療機関等）における実務実習や現地調査（フィールドワーク）等を通じて，社会人としての基本（挨拶や言葉遣いなど）が身に付いてるか，また，保護者や地域との連携・協力の重要性を理解しているか確認する。

⑤ 教育実習等の経験をもとに，学級経営案を作成し，実際の事例との比較等を通じて，学級担任の役割や実務，他の教職員との協力の在り方等を修得しているか確認する。

⑥ いじめや不登校，特別支援教育等，今日的な教育課題に関しての役割演技（ロールプレーイング）や事例研究，実地視察等を通じて，個々の子どもの特性や状況に応じた対応を修得しているか確認する。

⑦　役割演技（ロールプレーイング）や事例研究等を通じて，個々の子どもの特性や状況を把握し，子どもを一つの学級集団としてまとめていく手法を身に付けているか確認する。

⑧　模擬授業の実施を通じて，教員としての表現力や授業力，子どもの反応を活かした授業づくり，皆で協力して取り組む姿勢を育む指導法等を身に付けているか確認する。

⑨　教科書にある題材や単元等に応じた教材研究の実施や，教材・教具，学習形態，指導と評価等を工夫した学習指導案の作成を通じて，学習指導の基本的事項（教科等の知識や技能など）を身に付けているか確認する。

出典）文部科学省「教職実践演習（仮称）のカリキュラムイメージ（案）」（文部科学省ホームページ）.

上記①〜⑨の授業内容を盛り込んだ展開を，5つの授業の柱として表5-1にまとめてみた。続いて各授業の具体的な進め方及び目指すべき到達目標についてふれていこう。

1）教育実習の振り返り

教育実習を振り返る授業は，受講生の間で，共感する部分，共通する場面が多い。教育実習での自身の経験を省察しながら，他の受講生の発表からも新たな視点を学ぶ場となる。

表5-1　5つの授業の柱

	授業の柱　（配当時間）注	関連する授業内容
1	教育実習の振り返り (3)	①⑤⑦
2	模擬授業の実施　　　 (4)	⑧⑨
3	場面指導（事例研究）(4)	①②③④⑥⑦
4	現代の教育課題の討論 (3)	①②③④⑥⑦
5	現場の教員による講話 (1)	③④

注）配当時間を目安として示す。実施にはいくつかの授業の柱を組み合わせて講義を行う。

文部科学省の調査からは近年の全国的な傾向として，中学校では，目に見えた暴力行為が影を潜め，落ち着いた環境の学校が増えたとも読み取れるが[4]，教育実習直前の学生の大半は，「自分は授業ができるだろうか」「生徒とのコミュニケーションがうまくとれるのか」といった不安を抱いている。ところが，教育実習後には，教員になりたいという思いを一段と強くするケース，教員になるかどうか迷っていたが，教職への道を真剣に探り始めるケース等，自分のキャリア選択*8を変更する学生が増える。教育実習の影響は絶大である。

2021（令和3）年度，筆者がA大学で行ったアンケート調査（22名）によると「教育実習は楽しかったか」の質問に対して，「とても楽しかった」との回答が55.6％，「まあまあ楽しかった」が38.9％，「どちらかといえば楽しくなかった」5.4％，「楽しくなかった」という回答はなかった。「教育実習で学ぶことはあったか」という質問に対しては，「たくさんあった」との回答が94.4％と圧倒的に多く，「まあまああった」の5.6％の回答と合わせると，全員が教育実習での学びに手応えを感じていた。

【方　法】

教育実習での体験の振り返りとして「教育実習の中であなたが一番大変だっ

3）松岡敬興「ロールプレイによるいじめの未然防止を促す『学級活動』に関する研究」桃山学院大学総合研究所紀要, 40(1), 2014, pp.41-56.

4）文部科学省「令和3年度 児童生徒の問題行動・不登校等生徒指導上の諸課題に関する調査結果」2022, p.8.

*8 **キャリア選択**：就活する際に，今後どのようなキャリアを歩んでいくかを決めること。

たことは何ですか？」「教育実習の中であなたが一番印象に残ったこと，嬉し
かったことは何ですか？」「教育実習を通してあなたが一番学んだことは何で
すか？」という項目でレポートを作成する。その後，一講義 5 〜 6 人ずつ口頭
発表を行い，受講生はメモを取って臨む。

教育実習の学生による振り返り例

・教育実習を通して一番学んだことは，教師というのは実際教壇に立ち，生徒と授業をしていく
　中で，生徒の人生を預かり生徒に夢を与えられる仕事だということでした。自分が生徒のとき
　はわからなかったけど，改めて先生の仕事って責任のある仕事だなと思いました。
・授業では，想定内の答えが出ず困ったり，答えが出たとしても誘導的にもっていくことがあり
　ましたが，生徒が「わかった」という表情をした時が最も嬉しく印象的でした。

　学生といえども，実習期間中は学校の一教員という自覚をもち，取り組む。
担当授業や学級経営に責任感をもって取り組んだのか，学校現場がもつ課題
や取り組みに対して，当事者意識*9 をもって臨んでいたか等の言及に注目す
る（下線部は評価のポイント）。

*9　**当事者意識**：課
題に対して「自分が解
決する，自分が行動す
る」という意識。

2）模擬授業の実施

　「教員は授業で勝負する」とよくいわれる。教員の能力の一つである授業力
を高めるため，学校現場では研究授業が盛んに行われている。特に初任者研修
の研究授業は，採用年度に実施されることが多い。研究授業の際の学習指導案
の作成は必須である。2017（平成 29）年の学習指導要領の改訂（小学校・中学校）
を受け〔高等学校は 2018（平成 30）年〕，学習指導案には新しい評価規準を盛り
込んだ形での作成が求められる。

【方　法】

　教職実践演習では，異なる教科の教員免許取得を目指す学生が混在する場合
がある。ただ，板書の仕方，発問の中身，アクティブラーニングを取り入れた
授業の進行，児童生徒への視線，声掛け等，教科は違っても共通する指導事項
がある。模擬授業では，授業者以外は生徒役となり，授業者の作成した学習指
導案を全体で共有する。模擬授業を受ける側は，新たな気付き及び感想を書い
た付箋を，授業者に渡す。

　教育実習後の模擬授業には，目覚ましい変化や成長がみられる学生も多い。
以前とは違う授業展開や自信に満ちた振る舞いに生徒役の受講生は驚くのであ
る。

　基本的な授業技術を身に付け，児童生徒の反応を拾いながら，授業ができて
いるか，わかりやすい授業に向けての工夫があるか等，授業力に注目する（下

線部は評価のポイント）。

3）場面指導

　学校現場では，教員としてどう対応し，どのように指導をすべきか，問われる場面に日々遭遇する。当然のことながら，一気に解決しない，時間を要するケースもあるだろう。授業における場面指導では，解決とまではいかなくても，今後につながる方向性を示した形で締めくくることを目標とする。

　指導の中で強調すべきは，まず初めに事実確認を行い，他者の意見をしっかり聴くこと，いわゆる傾聴，共感の姿勢である。その他に，冷静さと安心感を与える対応，困ったときに一人で抱えこまないスタンス等も押さえておく。対応する対象は児童生徒，保護者，同僚，地域の人たち等，多岐にわたる。

【方　法】

　場面指導を進める方法としてはロールプレーイングを用いる。

　受講生は，自分たちで児童生徒役，教員役，保護者役等を割り当て発表する。演じるに当たっては，その場の事例に応じたシナリオを作成する。

　役柄を通して，対応する他者の意見に耳を傾け，解決の方向性をもちながら課題に当たっているかを確認する（下線部は評価のポイント）。

4）現代の教育課題の話し合い

　話し合いには，昨今の学校が抱える今日的な教育課題をとりあげる。いじめ，不登校，貧困問題等は，教員としてしっかり向き合うべき課題である。その教育課題がなぜ重要なのか，それが起こる社会的背景や要因，学校あるいは学年単位でどのように対処するか等，効果的な取り組みについても話し合う。

【方　法】

　話し合いの方法として，ここでは，付箋を使った「グループ活動」をあげる。1グループを6人程度で構成する。10分程度の時間内に，与えられた教育課題の問題点，それが起こる要因，今後の方策等，個人が思いつく意見を付箋にどんどん書いていく。教員は，その間机間指導し適切な声掛けを行う。その後，付箋に書かれた意見のうち同じ傾向のものを1つのカテゴリーにまとめ，模造紙に貼っていく。カテゴリーには見出しを付ける。そうして仕上げた成果物をもとにグループごとに全員が発表する。

　この方法は，全員が参加しやすく，多くの意見が反映されるという利点がある。こうした付箋を使った話し合いの方法は，近年「総合的な学習の時間」や「特別活動」等でよく活用されており，ぜひ経験しておきたい。

　課題に対して自分の意見をもち，作業中は，協調性や柔軟性をもち，積極的

に関わっているかを確認する（下線部は評価のポイント）。

5 ）現場の教員による講話

　実際の学校現場から学ぶ方法として，現場の教員をゲストティーチャーとして迎え，「なぜ教員を目指したのか，最初の赴任校では何を感じたのか」といったベテラン教員にいきつくまでの講話をしてもらう機会を設ける。

　また，ある特定の教育テーマに関する実践事例を知るのも有益である。昨今は，人間関係づくりやソーシャルスキルトレーニングのプログラム〔ポジティブな行動支援（PBIS），ピア・サポート，アンガーマネジメント〕[10]，情報モラルの啓発活動等といった多様な取り組みが，学校の実情に応じて実施されている。そうした独自のプログラムを現場の教員によって受講生にも体験させ，その後グループ討議，意見発表を行う。

　プログラムへの参加態度，意見発表等，学ぼうとする姿勢に注目したい（下線部は評価のポイント）。

* 10　ポジティブな行動支援（PBIS：Positive Behavioral Interventions and Supports）：児童生徒の望ましい行動を育てる支援方法。
ピア・サポート：仲間同士の支え合い。
アンガーマネジメント：自分の怒りをコントロールし，対人関係に役立つスキル。

5　教職実践演習のポイント

　上記の授業内容を展開する上で，参考になるポイントをあげておこう。

【教育実習での振り返り】

　実習生の貴重な体験談は，次年度実習を行う学生にとっては貴重な情報である。振り返りの発表を録画し，できればポイントを絞った形で編集をしておくと，3 年次の「教育実習事前指導」等の講義で活用できる。「あの先輩が言っていたことを，自分も実習中に大いに生かせた」等の声が多数あがる。

【模擬授業】

　各自で仕上げた学習指導案（略案）を印刷し，お互いにコメントを書き合うピア・レビュー[11]を実施する。さらに，お互いの模擬授業後に，「よかった点」「改善点」を付箋に記入し，全員が授業者に手渡すのもお勧めである。他者のコメントは励みにもなり，授業者は様々な気付きを得ることができる。

* 11　ピア・レビュー：仲間同士で互いの評価をし合う活動。

【場面指導】

　シナリオを作成することで，登場人物相互の人間関係が浮き彫りとなり，より明確に状況を認識できる。どのようなプロットにするかをまず考え，できるだけシンプルなものとし，暗記して演じる。自分たちで感情移入して作成した台詞は暗記に負担が少なく，演じる際もアドリブを交えて演技できる。

【現代の教育課題の話し合い】

　意見や気付きが書かれた付箋を模造紙に貼る際，カテゴリー分けが重要とな

る。グループの1人がまず1枚の付箋を出し，それとよく似た，関連した意見や気付きの付箋を次々と出す。出尽くした後，次の違った意見や気付きの付箋を出すという手順でやると，まとめやすい。準備物は，模造紙，1人20枚程度の付箋，フェルトペン等である。

　この授業では，教職について受講生同士で意見交換する場をもち，対話を通した深い学びをねらいとする演習が中心となる。今の教育現場では，アクティブラーニング型の授業が推奨されている。タブレットがあたかも文房具のように使われている。今後も予想を超える形で，学校現場は変化していくだろう。

　一方で，教職を目指す学生たちの思いには，今も昔も変わらないものがあるように思う。筆者が，大学時代に先輩から教えてもらい，心を震わせた言葉に，ルイ　アラゴンの「教えるとは希望を語ること。学ぶとは誠実を胸に刻むこと[5]」がある。時代は変わっても，教員は，児童生徒の成長をそばで見守り，それを何よりの喜びとし，やりがいを感じる仕事である。そうした教員の道を模索する学生にとって，この授業が，教職への意気込みの強化につながること，未来に踏み出す一歩の応援の場になることを願いたい。

[5] ルイ　アラゴン，大島博光，他訳『アラゴン選集Ⅱ』（ストラスブール大学の歌）飯塚書店，1979，p.151.

●参考文献

就実大学教育学部「小学校教育実習の手引き」2019.

●演習課題

課題1：実習校の経営方針，特色についてホームページ等で調べてみよう。

課題2：実習初日の自己紹介を考え，事前に学生同士で実践してみよう。

課題3：【例 場面指導】教室の見回りをしていると，美術の授業で移動しているはずのA君が1人教室に残っていた。理由を聞いてみると「今日提出の作品が全く仕上がっておらず，先生に責められるので行きたくない」といって腰をあげない。あなたならどう対処しますか？

課題4：【例 話し合い】GIGAスクール構想のもと，1人が1台の端末を持つ中で，学校現場ではどのような活用をしているだろうか。さらに，有効な活用に向けて，それを使う上での留意点，トラブルにならないための方策についても話し合ってみよう。

コラム　　幼稚園と小学校の接続期における教員の役割

　教員は，幅広い知識を求められる職業である。十人十色，個々の子供に対応しようと教育課程を考えるとき，個人指導とともに学級全体の取り組み，学校・園全体の取り組み等，課題は様々に生じてくる。

　しかし，何も恐れることはない。教員も目の前にいる子供たちも一人の人間として心を通わせ合い，適応能力を発揮する才能をもっているからである。子供たちの才能を見つけ出そうと日夜努力精進することが教育者としての喜びである。思いを巡らせて子供たちと共に歩みながら，人間として成長できる教員でありたい。

　また，「教師道」は自分自身で見つけ出し，探し求める道である。あれも研究しよう，これも知識として身に付けようと考えたり，行動するので，とても楽しい道創りができる。目の前に存在する子供と共に学び合える人間教育に邁進(まいしん)することは，その人の生き方そのものを形成していく。一人の人間として，教師の道を希望を胸に心軽やかに歩むことが大切である。

　また，教員は専門職である。美しい日本語の獲得期としての幼稚園時では，教員が美しい言語環境をつくり，子供に自らの思いを言葉で表現できる楽しさを身に付けさせたい。その最適な教材として絵本の読み語りを充実させたい。例えば『おおきなかぶ（レフ トルストイ 再話，内田莉莎子訳，佐藤忠良画，福音館書店刊）』を幼児たちは，声に出して体で表現しながら絵本の内容と一体化させて理解し，楽しんでいる。幼稚園の教員は，絵本に秘められた作家の願いを知るために，まず事前に音読し，充分に読みこなしておくことが大切である。

　現行の小学校の教科書には，幼稚園のときに親しんだ絵本が掲載されている。ほのぼのとした絵本の楽しさを，再び小学校の授業の中で味わい，理解するときに，子供たちは，幼稚園時の担任の読み語りを思い出しながら，言語能力を発達させていく。小学校の教員は，幼稚園で育まれた資質能力を踏まえ，しっかりした信念に基づいて指導すれば，教科書の内容に適応して楽しい授業の展開ができるだろう。

　子供は，教員の指導により，集団活動の楽しさがわかり，前向きに人と関わろうとする能力が育まれていく。その姿がみえるとき，教員も仕事のやりがいを味わえるようになり，精神的に成長できる。幼い子供故に，嘘偽りのない正しいものを常に語り掛け，聴かせて集中力や聴く力を低学年の内にしっかりと身に付けさせたい。

　子供は，自分が体験したことについて，自分の思いを表現しながら言葉を獲得し，気付いたことや感じたことを言葉として伝え合うことを学んでいくものである。教員は，幼小接続を進める際においても，子供にとっての感動体験こそ，言葉の発達のベースであることを認識し，子供が絵本や物語に触れることの意義についても再確認してほしい。

第11章 教員採用試験について

恩師との出会いをきっかけに，教育への熱意と使命感に満ちた，そして豊かな教養や確かな指導力を身に付けた教員になりたい。そのような夢をもったとき，その夢の実現のために，どのような対策を取ればよいのかについて本章では詳述している。

コロナ禍も含め，社会情勢が大きく変化する中，子供たちの社会を生き抜く力を育てていく責務を負う教員には，今まで以上に高い資質能力が求められる。本章では，どのような学習を進めていけば教員になれるのか，「教員採用選考試験」とはどのようなものか，これを突破するにはどうすればよいか等について述べる。まずは，教育職員免許状（以下「教員免許状」）を取得しなければならない。この教員免許状には，「普通免許状」「特別免許状」等がある[1]。

＊1　第5章，p.48参照。

免許状を取得し（採用試験時は取得見込みの場合がある），教員採用候補者選考試験に合格して教員になるのであるが，本章では，教員採用選考試験とはどんなものか，その対策はどうすればよいかについて以下に述べたい（図11-1）。

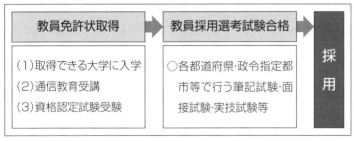

図 11-1　教員採用までの流れ

1　教員としての「心構え」

「幼稚園教員」になるには，感性の芽が伸びる幼児期に，子ども一人一人に

しっかり寄り添っていこうとする教員自身の感性が求められる。「小学校教員」では，学級経営から生徒指導，教科指導等，幅広く堅実な対応能力が要求される。「中学校教員」は，教科指導，生徒指導，進路指導に部活動指導等，多感な時期を迎えている生徒に正面から向き合う高い指導力や専門性が要求される。「高等学校教員」には，教科の専門性はもちろん，特に高い進路指導力が不可欠である。どの進路を選択することが，当該幼児児童生徒の自己実現につながるか，子供たちや保護者とともに考えていこうとするカウンセリング・マインド*2が特に必要とされる。「特別支援学校教員」には当然障害についての専門性や指導力とともに「特別支援教育は教育の原点である」といわれるように，すべての幼児児童生徒がそれぞれのニーズにあった教育が受けられるよう，研鑽を積まなければならない。「養護教諭」は，子供たちの心身の健康を守っていく大切な仕事である。各校に配置され，学校全体の保健の仕事や，各学級の保健指導をする場合もある。「栄養教諭」は，食育の指導や学校給食の管理等を進めていく。

いずれにおいても，専門性をしっかり高めるとともに，日々，自らの人間性も見直し，それを伸長させる努力が求められているといえよう。

*2　**カウンセリング・マインド**：コミュニケーションの場において相手の立場に立って，受容や共感を意識しながら，理解しようとする心構えのことをいう。第9章コラム参照（p.94）。

2　教員採用選考試験

（1）公立学校の場合

公立学校における「教員採用選考試験」（以下「採用試験」）とは，他の公務員試験と異なり，各都道府県・政令指定都市教育委員会がそれぞれの設置，運営する学校（公立学校）の教員を採用するために実施する。その採用は選考試験によることが定められている。試験実施の際には採用候補者名簿*3が作成される。

市町村立（区立を含む。以下同じ）の小学校と中学校については，都道府県教育委員会が採用試験を行う。市町村立の幼稚園（認定こども園を含む），中等教育学校を含む高等学校（定時制を除く），特別支援学校については該当市町村の教育委員会が採用試験を行う。このほか，養護教諭と栄養教諭についても，各都道府県・指定都市教育委員会が採用試験を行っている。ほとんどの自治体が複数回の選考を行っており，一次試験の選考内容が「学力試験」と「論作文試験」，二次試験以降が「面接試験」であることが多い（一次試験で面接試験が行われる場合もある，図11-2）。

公立学校の教員は，採用試験に合格し，採用候補者名簿に登載された者から

*3　**採用候補者名簿**：採用試験に合格すれば，「採用候補者名簿」に登載され，任用先とのやり取りで採用に至る。以下は地方公務員法「採用候補者名簿の作成及びこれによる採用」である。

第21条 人事委員会を置く地方公共団体における採用試験による職員の採用について

教育公務員「正規職員」になった教諭と，年度ごとに雇用契約を結ぶ（臨時的任用）教諭または常時勤務する講師（常勤講師）で構成されている。なお，臨時的任用による常勤講師も教育公務員の扱いを受け，雇用期間の定めがない正規職員に近い身分の常勤講師も一部に存在する。

は，人事委員会は，試験ごとに採用候補者名簿を作成するものとする。2 採用候補者名簿には，採用試験において合格点以上を得た者の氏名及び得点を記載するものとする。3 採用候補者名簿による職員の採用は，任命権者が，人事委員会の提示する当該名簿に記載された者の中から行うものとする。4項～5項略。

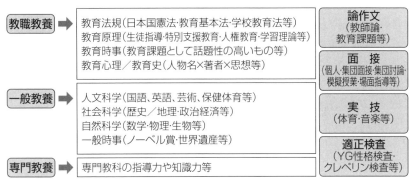

図 11-2　教員採用選考試験の内容

（2）私立学校の場合

　私立学校の場合は学校独自の選考や私学適性検査等が行われる。「常勤講師」及び「専任教諭」の採用試験については，「筆記試験」・「面接試験」・「模擬授業」を課す場合が多い。筆記試験の内容は学校によって様々であるが，専門科目の学科試験の結果を重視する学校が多い。

3　募集と出願

　中学校・高等学校の場合，教科ごとに競争倍率に差が生じている。特に社会科においては募集人数は少ないが，免許取得者は多いため応募者は多数に上り，どの自治体も倍率は高いといえる。

　学校現場の臨時的任用職員（常勤講師・非常勤講師等）経験者や社会人経験者，教職大学院修了者に対し，採用試験の筆記試験等を一部免除した採用や，一般受験者と異なる枠で採用試験を実施する自治体も増えてきており，募集される教科や出願の条件は，試験を実施する自治体により異なっている。

　また，出願の条件としての年齢制限は自治体ごとに，全教科で一律同じ上限とするところ，教科や選考の種別によって上限を変えるところ，あるいは全く制限を置かないところがある。ただ，近年は，上限の緩和や撤廃する自治体が増えてきている。さらに，教科によっては出願に当たり，受験する教科以外の教員免許状も取得（見込みを含む）していることを条件とする場合もある。

4　教職教養試験

（1）試 験 内 容

　教員として身に付けていなければならない教育についての教養を問うものである。① 教育原理，② 教育心理，③ 教育法規，④ 教育史の大きく４つに分類できる。最近の傾向としては各領域にまたがった内容や，文部科学省や中央教育審議会（中教審）[4]による答申・通知等に関する問題も増えてきている。ほとんどの自治体が一次試験で行っており，全校種同一の試験で行われることが多い。また，一般教養試験と合わせて，一つの試験として行われることもある。教職に対する基礎知識を問う試験の出題範囲は，教育法規，教育方法，教育課程，学習指導要領，教育史，教育心理学，道徳教育，人権教育，中央教育審議会答申や文部科学省通知文・報告書の内容，教育時事等，非常に幅広い。

（2）試 験 対 策

　教育法規については，法規の全条文を覚える必要はなく，出題される範囲は限られているので，自作の「法規ノート」を作って法規名ごとに書きまとめるとわかりやすい。学習を進めるうえで随時書き足していくとよい。

　教育心理や教育史においては，人名が多く出てくるので，その際「誰がいつ，どこで，何をしたのか」等を自作ノートにまとめていく。

5　一般教養試験

（1）試 験 内 容

　一般教養は人文科学・社会科学・自然科学の多領域から出題される。近年，時事問題の出題は急増している。教職教養試験同様，ほとんどの自治体が一次試験で行う。そして全校種同一の試験であることが多い。内容は，高校入試レベルから高校で学ぶ基礎的レベルでの出題が多い。国語，数学（算数），理科，社会，英語等から幅広く出題される。また芸術，体育に関する問題，情報処理に関する問題，受験する自治体に関係する問題等，出題範囲は多岐にわたる。

（2）試 験 対 策

　過去の問題を調べ，出題傾向やその特徴をまとめておくとよい。一般教養試

*4　中央教育審議会：文部科学省に置かれている審議会。中教審とも略される。主な所掌事務内容としては，文部科学大臣の諮問に応じて教育の振興，及び生涯学習の推進を中核とした豊かな人間性を備えた創造的な人材育成に関する重要事項を調整・審議し，文部科学大臣に意見を述べること等がある。

験には，人文科学（現代国語，漢文，古文，英語），社会科学（地理，歴史，公民分野），自然科学（数学，生物，物理，化学，地学系），がある。自治体によっては，ある分野に偏った出題をしている場合があるので傾向をつかむことが大切である。対策としては，高校入試程度は最低限理解しておきたい。そのため，高校入試の問題集や参考書で学習を進めるとよい。教育時事の把握は当然として，社会の動きにも注目しておきたい。

6 専門教養試験

（1）試験内容

　各校種，教科に対する専門的な知識，素養を評価する試験である。指導方法や学習指導要領についての問題が出題されることもある。ほとんどの自治体が一次試験で行っている。

　小学校の試験では，小学校で指導する全教科から出題されるため，出題範囲は非常に広いが，難易度としては一般教養と同程度である。中学校，高等学校の試験は，それぞれの教科に関する出題となる。これらの校種では高い専門性が求められるため，難易度も大学入試レベル以上となる。特別支援学校教諭，養護教諭，栄養教諭の試験は，それぞれの職種の専門性が問われる。

（2）試験対策

　教職・一般教養試験対策同様に，過去数年間の問題を調べ，傾向やその特徴をまとめておく。教科によって問題数が異なることや，教科においても出題領域に偏りがある場合もあり，それらの要点を領域別にまとめておくことが重要である。また，学習指導要領に示されている「教科の目標」「学年の目標」を理解しておく。そして「教科の指導内容」，「指導計画作成上の配慮事項」「内容の取扱いについての配慮事項等」等を把握しておく必要がある。

7 論作文試験

（1）試験内容

　教員採用試験の筆記試験といえば，「教職教養」や「専門教養」「専門科目」等が一般的であるが，多くの自治体では「論作文」も課している。呼び方は「論作文」の他に，「論文」「小論文」「作文」等，様々だが，400～1,500字程度

を記述する場合が多い。

　教職への考え方，意欲，及び文章表現力，論理力等を確認する試験である。教育に関するあるテーマについて，決められた字数，時間内に記述する。テーマは，「いじめ，不登校への対処・支援」「保護者への支援の仕方」「教育現場での生徒指導上の課題」等の教育時事に関するもの，「教育とは何か」「教育に関する考え」「教師という職業に対する考え」等の普遍的な内容について記述するもの，文章を読み，それに対する自分の意見を述べるもの等，である。

（2）試験対策

　教員となる自分自身の考えや価値観等の内容を求められている。論作文では「自分ならどうするか」ということをわかりやすく，論理的に答える必要がある。また，受験する自治体の取り組みを調べ，実際の教育現場の知識も身に付けておく必要がある（各自治体の「教育振興基本計画*5」を確認しておくとよい）。

　そのための対策を以下に3点あげる。まず一つめは，序論・本論・結論の大枠に則って，数をこなすことである。数をこなす中で，書くことに慣れるだけではなく，自分らしさを生かした論文の型が身に付いていく。次に，指導者には添削してもらい，課題を把握したり，また同じ志をもつ友人と互いの文章を読み合い，切磋琢磨し合うことである。そして最後に，最近の教育のニュースに関心をもち，スクラップブックやノートに整理しておくとよい。

8 面接試験

（1）試験内容

　教職への資質能力を実際の人物をみて評価する試験である。

　一次試験で実施される場合は，受験者も多く，学科試験と合わせて行われるため，集団で短時間での実施が多い。多数の受験者に対応するため，全員が同一の面接官による面接を受けるのではなく，受験教科や受験番号ごとに面接場所が設定され，各会場の面接官により実施される。

　これに対して二次試験で行われる場合は，個人面接は必ず実施されるといってもよい。自治体によっては集団面接も同時に行ったり，集団討論，模擬授業等と組み合わせて行ったりすることもある。

　具体的な質問項目例を以下にあげる。

　①　「志望動機」を述べよ。

　②　どんなクラスをつくりたいか。

* 5 **教育振興基本計画**：2006（平成18）年に約60年ぶりに教育基本法が改正され，地方公共団体は，国の計画を参考に，それぞれの地域に応じた教育施策に関する基本計画を定めるよう努めることとされた。

③ 教育実習では，どんなことを学んだか。

④ あなたが教員に向いているところはどこか。

⑤ 児童生徒理解が求められているが，どのように実践するか。

面接試験は大きく，次の2種類に分けられる。

① 個人面接：その人の人となりを知るには最も効果的な方法とされている。受験者一人に対して面接官2〜5人程度で行われる（図11-4）。

② 集団面接：受験者が教員としてふさわしいかを多面的に評価できる面接である。主な観点は，人間性，健康度，教育愛，責任感，指導力，協調性等である。面接官3〜5人に対して受験者5〜10人程度で行われる。当然，他の受験者が応答しているときの態度も評価される（図11-5）。

表11-1 に一般的な面接試験の評価基準をあげる。

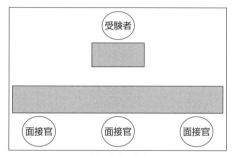

図11-4　面接形式（1）：個人面接

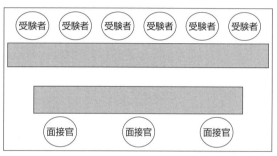

図11-5　面接形式（2）：集団面接

表11-1　面接評価基準（例）

【5点：是非採用したい→1点：採用したくない】
① **人間性・健康度**
　ア）明朗で快活。誰に対しても平等である。
　イ）相手に好感をもたれる人間性をもっている。
　ウ）真面目さ，素直さが見て取れる。
② **社会性**
　ア）常識がある（特に対人関係において）。
　イ）教員としての熱意・情熱がある。
　ウ）保護者から信頼される要素がある。
③ **責任感，判断力**
　ア）教育に関わる責任感を強く意識している。
　イ）仕事に積極的に責任をもって関われる。
　ウ）専門性に立脚した判断力がある。
④ **協調性**
　ア）偏った考えに固執しない。
　イ）同僚と協調して教育活動にあたれる。
　ウ）保護者，地域住民と，バランスのよい付き合いができる。
⑤ **専門性・指導力**
　ア）教師としての専門性をもっている。
　イ）教師としての指導力をもっている。
　ウ）専門性を高めようとする意欲をもっている。

（2）試験対策

　「面接試験」対策としては，教育・教職に関する知識を理解しておくとともに，日頃から面接のマナーについても気を付けるようにしておく。表11-2にポイントをまとめた。

表11-2　面接の際のポイント

① 語尾は「です・ます」，自分のことは「わたし・わたくし」を標準とする。
　ア）身内を指す場合は敬語を使わない。
　イ）「お～・ご～」等の敬語表現の使い方にも慣れておく。
　ウ）何よりも「自他を尊重し合う人間関係」に基づいた敬語使用を心掛ける。
　エ）「尊敬語」（いらっしゃる等），「謙譲語」（伺う等），「丁寧語」（です・ます等）の使い分けができるようにしておく。
② 面接スキルの習得
　ア）面接の基本的スキルについては，自作ノートに整理し，落ち着いて，順序立てて話すように心掛ける。
　イ）明るく元気に答える。
　ウ）常に自分の考えをもち，自分なりの発言を心掛ける。
　エ）視線は，しっかりと面接官を見て話す。
③ 応答のマナー
　ア）服装や髪型は，第一印象を決定付けるため，注意を要する。
　イ）清潔感や誠実さがにじみ出る服装や髪型，態度を心掛ける。
　ウ）「失礼します！」「ありがとうございました！」等の挨拶は，はきはきと明るく話す。
　エ）椅子に座るときには深めに腰を掛け，椅子にもたれかからないようにする。

9　模擬授業

　これは，授業力を評価する試験である。多くの自治体が二次試験で実施しているが，実施方法は様々である。受験者が教員になってから，授業をすることができる資質能力があるかを見極めることをねらいとしている。この試験にはあらかじめの課題が渡される場合と，当日テーマを言い渡され，学習指導案をつくらなければならない場合とがある。子供たちを引き付けるスキルや，声の大きさ，発問の仕方，板書の仕方，教員としての伸びしろ，子供一人一人を大切にしているか，「主体的・対話的で深い学び」の視点を意識しているか等が評価される。

10 集団討論

　この試験は，二次試験で行われることが多い。集団の中での自己表現力や協調性等が評価される。設定されたテーマについて，5〜6人で話し合い，その中での発言の仕方，受け答えの仕方，話し合いの進め方等を評価される。

　受験者に進行役を課すこともある。その際は，① テーマについての現状についての考え ② どう手立てを打つか，の2本の柱で進行すると整理しやすい。

11 実技試験

　小学校では全教科を教えるため，ピアノの弾き語り，デッサン，水泳実技等の実技評価が行われる。中学校，高等学校の技術，音楽，美術，体育では高い技能が求められる。幼稚園では，ピアノの実技試験等が行われる。二次試験で実施されることが多い。中・長期の事前準備が必要である。

●演習問題
課題1：あなたが教員に向いている点をあげてみよう。
課題2：なぜこの自治体の教員を志望したのか，仮の自治体を決めて動機をあげてみよう。
課題3：保護者連携のポイントをあげてみよう。

●参考文献
教員採用試験情報研究会『幼稚園教員採用試験』一ツ橋書店，2018.
協同教育研究会『特別支援学校教諭の精選実施問題—全国版—』協同出版，2018.
資格試験研究会『教員採用試験 教職教養らくらくマスター』実務教育出版，2022.
資格試験研究会『教員採用試験 一般教養らくらくマスター』実務教育出版，2022.
資格試験研究会『教員採用試験 小学校全科らくらくマスター』実務教育出版，2022.
資格試験研究会『教員採用試験面接試験・場面指導の必修テーマ100』実務教育出版，2018.
資格試験研究会『教員採用試験差がつく論文の書き方』実務教育出版，2018.
東京アカデミー編『教員採用試験対策ステップアップ問題集 専門教科特別支援教育』七賢出版，2017.
成田喜一郎監修，長瀬拓也編『教師になるには』一ツ橋書店，2018.
保育士試験研究会『保育士・幼稚園教諭採用試験問題集』実務教育出版，2018.
本間啓二『面接ノート』一ツ橋書店，2018.

コラム　　子供の自殺予防

　子供の自殺の現状は，2021（令和3）年度には368人（小学生：8人・中学生：109人・高校生：251人）と深刻さを増している*1。

　一方，自殺の動機についてみてみると（2020年），第1位に「その他進路に関する悩み」，第2位に「学業不振」，第3位には「親子関係の不和」があがり，「自殺の多くは多様かつ複合的な原因及び背景を有しており，様々な要因が連鎖する中で起きている」としている*2。

　文部科学省は，18歳以下の自殺が学校の長期休業明けにかけて増加する傾向があり，新型コロナウイルス感染症に伴う長期にわたる学校の休業においては，児童生徒の心が不安定になることが見込まれるため，学校として，児童生徒の自殺予防に向けた取り組みを積極的に実施することとし，以下の自殺予防について周知を呼びかけている*3。

　①　学校における早期発見に向けた取組：自宅で過ごす児童生徒及びその保護者との連絡を密にし，当該児童生徒の心身の状況の変化や違和感の有無に注意する等。

　②　保護者に対する家庭における見守りの促進：保護者に対して，家庭における児童生徒の見守りを行うよう促すこと等。

　③　ネットパトロールの強化：教育活動の再開の前後において，平常時よりも実施頻度を上げて集中的に実施すること等。

　また，生徒指導提要（2022年改訂版）では，児童生徒を対象とする自殺予防教育の目標として，「早期の問題認識（心の危機に気付く力）」と「援助希求的態度の促進（相談する力）」の2点をあげ，危機的な心理状況（①強い孤立感，②無価値感，③怒りの感情，④苦しみが永遠に続くという思い込み，⑤心理的視野狭窄）に陥らないような，また，陥ったとしても抜け出せるような思考や姿勢を身に付けることが自殺予防につながるとしている*4。

　筆者は養護教諭と連携し，困った場面を想定し，他者に援助を求めるロールプレイングを実施する授業，怒りを統制する方法を学ぶ授業等を実践している。

　いずれにしてもこういった自殺予防教育を進めるための基盤にある「いのちの教育」（自尊感情を育む・体験活動を充実させる・情報社会の影の部分に対応する・命を守るための知恵と態度を育成する・教員自身が命の意味を問い掛ける）の実践を重ね，自他の人権や命を大切にでき，子供たちが「心の居場所」を実感できる学校・学級づくりを進めていくことが肝要であろう。

＊1　文部科学省「令和3年度 児童生徒の問題行動・不登校等生徒指導上の諸課題に関する調査結果について」2022，p.124.
＊2　文部科学省「コロナ禍における児童生徒の自殺等に関する現状について」2020，p.4.
＊3　文部科学省「新型コロナウイルス感染症に対応した小学校，中学校，高等学校及び特別支援学校等における 教育活動の再開後の児童生徒に対する生徒指導上の留意事項について（通知）」2020.
＊4　文部科学省「生徒指導提要」2022，p.189. p.196.

第12章 教員のメンタルヘルス

昨今の学校現場においては，教員が精神疾患を理由に休職・離職するケースが増加している現状があり，教員のメンタルヘルス対策が喫緊の課題となっている。教員のメンタルヘルス不調の背景として，様々な理由が指摘されているが，教員ならではの業務の特徴や人間関係の困難さが大きな要因となっている。メンタルヘルス対策においては，予防的な取り組みが極めて重要である。教員自らによるセルフケアの促進，ライン組織（管理監督者）によるケアの充実，良好な職場環境・雰囲気の醸成，実践的な研修の充実等が求められている。

1　教員のメンタルヘルスの現状

2022（令和4）年に公表された「令和3年度公立学校教職員の人事行政状況の調査結果」（文部科学省）によると，教育職員の病気休職者のうち，精神疾患は5,897人（全教育職員数の0.64％）であった[*1]。2021（令和2）年度（5,203人）から694人増加し，過去最多となっている。

2016（平成28）年度から2021（令和3）年度までの増加率をみると，小学校での精神疾患による病休者が1.33倍で，特に多い。年齢別にみると，20代の教員の精神疾患による病休が1.84倍と急増しており，次に30代の精神疾患による病休も1.48倍と増えている。

（1）教員のバーンアウト

教員のメンタルヘルスを考える上で，「バーンアウト」は重要な概念である。教員のバーンアウトとは，熱心な教員がやがて教育に対する情熱を失い，やる気を失っていく現象であり，情緒的消耗感，個人的達成感の低下，脱人格化の3つの側面から構成される[*2]。つまり，教員がバーンアウトに陥ると，慢性的

＊1　47都道府県，20指定都市の計67教育委員会を対象として2021（令和3）年度の状況を中心に行われた調査。

＊2　情緒的消耗感とは心理的な疲労感であり，バーンアウトの中心的な症状。脱人格化とは，関心や配慮の低下等，児童生徒や業務に対するネガティブな態度。個人的達成感の低下とは，仕事を成し遂げた達成感や充実感が得られないこと。
Maslach, C., & Jackson, S.E., The measurement of experienced burnout, *Journal of Occupation-*

al Behavior, 2, 1981, pp. 99-113.

1）谷島弘仁「教師の自己効力感がバーンアウトに及ぼす影響」生活科学研究 35, 2013, pp. 85-92.

2）新井 肇「教師のバーンアウトの理解と援助」広島大学大学院心理臨床教育研究センター紀要 6, 2007, pp. 23-26.

＊3　2012（平成24）年 〜 2013（平成25）年に文部科学省で実施（全 9 回）された「教職員のメンタルヘルス対策検討会議」の第 1 回，及び第 2 回の議事要旨。

＊4　教職員のメンタルヘルス不調の背景として，業務量の増加及び業務の質の困難化が指摘されている。
教職員のメンタルヘルス対策検討会議（文部科学省）「教職員のメンタルヘルス対策について」2013, pp. 7-8.

＊5　教員は，対人援助職であるために，目に見える成果を実感しづらい場合も多い。それゆえ自分自身の努力に対する周りからの肯定的な評価やフィードバックが得られないと燃え尽きてしまうことがある。

に疲れ果てた状態に陥り，同僚や児童生徒との関わりを避けるようになり，仕事に対する充実感を感じることができなくなる [1]。

　それでは何がバーンアウトを引き起こすのであろうか。教員は日常的に，児童生徒との人間関係，保護者との人間関係，教員間の人間関係という 3 つの複雑な人間関係にさらされているため，その関係が悪化，破綻した場合にはバーンアウトを促進する大きな要因になると考えられる [2]。

（2）職場環境の現状

　学校現場において，教員はどのような現状にあるのだろうか。以下は，教職員のメンタルヘルス対策検討会議の議事要旨 [*3] をもとに，委員の発言内容に一部変更を加え，新たに再構成したものである。

委員　学校の先生方の様子がどんどん変わってきている。以前は，子供と遊ぶ時間があったのに，最近は必死に事務作業に追われて忙しく，子供たちに対応する時間よりも，こなすべき仕事が多くなっている [*4]。いろいろな仕事をテキパキとこなさねばならず，逆にこなせて当たり前になっていると感じる。

委員　先生たちは，使命感があり，子供が一番で，子供にとってよいことを行うのは，教師として当たり前という文化がある。うまくできないと，本人のメンタルヘルスを考えるよりも，周囲の先生は，その仕事をどうこなすかというアドバイスが中心となるので，精神的に弱っている先生やうまくできない先生にとってはもっとしんどくなってしまう [*5]。元気でないと勤められない職業になっていると感じる。

委員　先生方の仕事は，"個人商店"的なところがあり，学級ごとの独立性もあるが，学級のことだけではなくて，学校の業務それぞれを担っていて，企業でいうと企画，庶務，経理等をすべて 1 人の先生が担っているという学校の実情があると思う [*6]。そういった中での業務が積み重なり，しかも，対人的仕事の場合は精神的にも疲れやすく，神経を使って対応したり，つたない対応で失敗したりして痛い目に遭うこともある。

委員　学校の先生の職場環境は，自分のクラスで起きたことは自分で抱えて周りに相談できず，周りの先生たちも介入を遠慮してしまう風土は確かにある。

委員　職場でのストレス要因については，やはり人間関係が大きいと感じる [*7]。昔とは違って，仕事の量とか質とかも変化してきている。特に報告書が非常に多くなっており，保護者や地域との関係等，また，学

校文化と学校風土として遅くまで残っている教師，特に若手の先生が多い。ベテランの先生も一生懸命な方も多く，遅くまで残っているのが熱心な先生，頑張っている先生という評価をする雰囲気も学校によってあるが，やはり，それではいけないと思う。新規採用者も，たとえ体調が悪くても先輩方が帰らないので帰れないという雰囲気もある。管理職も同様で，現状では遅くまで残っている教員が多い。また，他の先生方，あるいは他の学年に対して意見等を言いにくい，それが教員のストレスの原因になっている。仕事と家庭の兼ね合いのところでは，特に女性の先生は，子育て中で，子どもの病気や学校行事で帰らなくてならないときになかなか休みが取りづらい学校の雰囲気もある。

（3）サポート体制の必要性

委員 職場のサポート体制については，管理職の先生方の担う役割が大きく[*8]，現場の雰囲気は校長先生，副校長先生，教頭先生によって，大きく変わるのは間違いない[*9]。

委員 学校でも，保護者のいろいろな意見を先生方が真摯に受け止めていると思うが，1人で受け止められない場合に，うまく介入して，皆で受け止めるようにすると，大きな力になるのではないか。教師も人間なので，誰かがサポートしてくれるという気持ちがあれば力強いはず。そういった連携を取らなければいけないのではないか。

委員 校長，副校長は，先生方（担任）の気持ちや，出勤中も休み中も含めて先生方の様子を見て，それまで元気だった先生が，言葉数が少なくなってきたとか，表情が曇ってきたとか，会話が少なくなってきたときには要注意なので配慮する必要がある[*10]。職員室から笑い声が聞こえたり，子供たちのことで，いろいろと話が盛り上がったりすることはとてもよい。開かれた学校，開かれた校長室，開かれた職員室，今はどこの学校も校長室をオープンにして，廊下や職員室とつながるように開けている。

座長 一番問題なのは，教員たちが誰にも相談できないでいること。ある先生が誰にも相談できなかった，具体的には自分のクラスが落ち着かなくて授業がちゃんとできない状態になっていたとき，校長，教頭は，「実力がないからだ。子供をまとめられないからだ」と言っていたとのこと。同僚の教員たちもやはり同じように考えてその先生を支えなかっ

*4の文献と同じ，pp. 8-9.

*6 学校では，一人の教職員が学習指導や生活指導等のほか，学校運営に必要な様々な業務を担当しなければならず，研修会や研究会にも時間を割いている。また，休日の部活動指導等もあり，業務量が多い。
*4の文献と同じ，p. 8.

*7 職場での教職員間のコミュニケーションに対して苦手意識をもつようになったり，上司や同僚に悩みを相談しづらいと感じるようになったりして，職場での人間関係が十分形成されず，メンタルヘルス不調になる場合がある。また，校長等との人間関係が原因となって，メンタルヘルス不調になる場合もある。
*4の文献と同じ，p. 9.

*8 教員の気持ちを<ruby>慮<rt>おもんぱか</rt></ruby>り，教員の心に寄り添うことに重きをおいた校長のリーダーシップ・スタイルが，教員のメンタルヘルス維持・向上に重要な役割を果たす可能性が示されている。
草海由香里『教師のメンタルヘルスの維持・向上とリーダーとしての校長の役割』福村出

版，2022, p. 142.

＊9　学校には，教員同士がそれぞれの担当業務に関わりをもちにくい風土があるが，校長が早めに進んで関わっていくような学校は，メンタルヘルス不調が生じることが少ないと考えられる。
＊4の文献と同じ，p. 10.

＊10　教職員の意識として，自分は大丈夫だとか，忙しい等の理由で健康診断等を受けない者もおり，メンタルヘルスについて受診や相談を早期から行うよう促す必要がある。
＊4の文献と同じ，p. 10.

＊11　学校においては，労働安全衛生管理が必ずしも十分に実施されておらず，基盤となる体制の整備を図ることはもちろんのこと，実効性ある取り組みにつなげることが急務となっている。
＊4の文献と同じ，pp. 10-11.

3）関山　徹「小学校教師における心理的ストレス過程」鹿児島大学教育学部研究紀要．人文・社会科学編，60，2009, pp. 309-319.

4）藤原忠雄「教師ストレスへの支援の在り方に関する基礎的研究－性，年代，校種によ

> た。なぜ，教員同士は支え合いをしないのかと聞くと，卒後教育において，教師は自分の教室を守ればよく，同僚のことには口を出さないという文化があることがわかってきた。隣の教室の先生がちょっと顔を出すだけでも違ったかもしれないのに。教員としての文化のどこかに問題があるのではないか，上司，同僚になぜ相談できないかをよく考えないといけないと思った。
>
> **委員**　教職員の職場不適応の初期症状を見逃さないことが，早期発見につながる。周囲が変化に気付くこと，早期発見して対策を練ることが大事＊11。

2　教員のメンタルヘルス対策

　以上のような現状により，学校には教員へのメンタルヘルス対策の一層の推進が求められている。では，具体的にはどのような対策が求められているのだろうか。

（1）教員間のサポート

　校内の教員の存在は極めて重要なサポート源[3]であり，教員のストレス反応軽減効果について分析した結果によると，上司，同僚からのサポートを受けると，ストレス反応が軽減することが報告されている[4]。また，情緒的サポートはストレス反応やバーンアウトを軽減する要因であるとの報告もある[5]。

　教員の相互サポートは教員の疲弊を予防し，バーンアウトを食い止める最後の砦であるとの指摘[6]や，職場に同僚性を基盤とした協働性をどう築くかということが，バーンアウトを防ぐための最重要ポイントであるとの指摘[2]もある。そのため，教員同士の支え合いを促進し，それが維持されることが求められる。

　学校における同僚性に関しては，同僚とのよい関係，快適な職場風土を醸成するための8つの視点があるといわれている。8つの視点とは，① 共感性（お互いを共感的に理解しようとする），② 互助性（必要なとき，お互いに助け合おうとする），③ 快適性（笑いや喜びが共有できる居心地のよさがある），④ 節度性（馴れ合いではなく，適切な距離感が保たれている），⑤ 真摯性（個々が責任感をもち，仕事に誠実に取り組む），⑥ 連携性（情報共有をし，共通理解の下に協力し合う），⑦ 建設性（様々な意見を全体で共有できる），⑧ 進歩性（理想を追求し，高まり合おうとする）であり[7]，これらを意識した教員集団づくりが望まれる。

（2）自己効力感の向上

　教員のバーンアウトを予防するためには，管理職や同僚からのサポートとともに，自己効力感*12が大切であることが指摘されている。

　小学校の場合は，「児童理解」と「指導援助」，中学校の場合は「生徒理解」と「協働的問題解決」での自己効力感である。児童生徒の気持ちを理解できること，指導援助できる，あるいは協働的に問題解決できるという確信がもてることにより，バーンアウトを防げると考えられる[8]。そのため，教員の自己効力感を高めることができるような研修の機会が必要である。

　なお，自己効力感は，若手教員よりも中堅・ベテラン教員の方が高いことが報告されており，教職経験が長いほど，様々な状況や場面に遭遇し，問題を解決する自信を獲得し，自己効力感を高めている可能性が示唆される[9]。そのため，十分な研修を積むことにより，教員としての意識，知識及びスキルを身に付けることが大切であろう。

（3）メンタルヘルスケア（心の健康管理）の予防手段

　教員へのメンタルヘルス対策は，身体のヘルスケアと同様に，病気を未然に防ぐため，また再発を防止するための3つの予防医学的手段がある（表12-1）。

表12-1　3つの予防医学的手段

1次予防	働きやすい環境をつくる 職場の照明，温度，職場のレイアウト／心身の疲労の回復を図るための施設，設備等の物理的環境／会議の持ち方／職場組織のつくり方／労働時間／仕事の質と量／職場の人間関係
2次予防	早期発見・適切な対応 職場内で相談に応ずる体制をつくる／職場外の相談機関の活用を図る／ストレスチェック*の機会の提供／職員の家族による気付きや支援の促進
3次予防	職場復帰支援・再発予防 休職した職員が，専門医の診療を経て円滑に職場復帰し，就業を継続できるようサポート

注）＊ストレスチェック：メンタルヘルス不調を未然に防ぐ目的で行われる「こころの健康診断」のこと。2015（平成27）年12月から，改正労働安全衛生法に基づいた「ストレスチェック」制度が施行され，50人以上を雇用する職場に実施が義務付けられている。
出典）公立学校共済組合「教職員のメンタルヘルス対策の手引き」青森県教育委員会・公立学校共済組合青森支部，2014，pp. 1-2.

（4）メンタルヘルスの4つのケア

　メンタルヘルスには4つのケア[10]がある（表12-2）。特に，学校現場においては，教職員本人の「セルフケア」の促進とともに，校長，教頭等の管理監督

る差異，及び包括的なストレス構造の検討−」兵庫教育大学，2014，p. 165.

5）貝川直子「学校組織特性とソーシャルサポートが教師バーンアウトに与える影響」パーソナリティ研究，17，pp. 270-279.

6）落合美貴子「教師バーンアウトのメカニズム—ある公立中学校職員室のエスノグラフィー—」コミュニティ心理学研究，6，2003，pp. 72-89.

7）西永円・森原かおり・藤原忠雄「小学校教師同僚性尺度開発の試み」日本ストレスマネジメント学会第17回大会プログラム抄録集，2018，p.45.

＊12　自己効力感：望ましい教育的結果を遂行できるという教員の信念のこと。

8）4）と同じ，pp. 115-140.

9）米山恵美子・松尾一絵・清水安夫「小学校教師のストレスに関する研究—ストレッサー，自己効力感，コーピング，ストレス反応を指標とした検討—」学校メンタルヘルス，8，2005，pp. 103-113.

10）厚生労働省，独立

行政法人労働者健康安全機構「職場における心の健康づくり−労働者の心の健康の保持増進のための指針−」, 2017, pp.3-7.

表 12-2　4 つのメンタルヘルスケア

セルフケア （教員自身が行うケア）	ストレスやメンタルヘルスに対する正しい理解／ストレスチェック等を活用したストレスへの気付き／ストレスへの対処等
ラインケア （管理監督者が行うケア）	職場環境等の把握と改善／教員からの相談対応／職場復帰における支援等
スタッフによるケア （職場内の健康管理担当者が行うケア）	メンタルヘルスケアの実施に関する企画立案／職場外資源とのネットワーク形成やその窓口／職場復帰における支援等
職場外資源によるケア （地方自治体，医療機関等が行うケア）	情報提供や助言を受ける等，サービスの活用／ネットワークの形成／職場復帰における支援等

出典）公立学校共済組合「教職員のメンタルヘルス対策の手引き」青森県教育委員会 公立学校共済組合青森支部，2014.

＊13　① 緊急時の外部対応や連携を積極的に行ったり，教師の相談に乗り協働したり，教師を護り問題解決を促進させる。
② 職員間の人間関係が困難な場合，助言を行ったり，協力体制を整えたりする。
③ 日頃から見守りや声掛け，アドバイスや情報提供を行い，親身になって援助を行う。
④ 心配事や不安に理解を示し助言を行う。
井上博之・藤原忠雄「中学校における『ラインケア』のあり方に関する探索的検討」日本ストレスマネジメント学会第 8 回大会プログラム・抄録集，2009，p. 60.

11）＊4 の文献と同じ，p. 6.

＊14　メンタルヘルス不調の初期症状の例
（身体面）頭痛，腹痛，めまい，吐き気，不眠等。
（行動面）遅刻，欠勤，早退等。口数が少なくなる，職員室にあまり戻らなくなる，仕事の能率も落ちてくる等。
（精神的な面）情緒が

者による「ラインケア」の充実が必要である。

ラインケアに関しては，井上・藤原の調査によると，教員は，① 擁護的支援，② 人間関係支援，③ 親和的支援，④ 私的支援＊13 の 4 つの支援を管理職に求めていることがわかった。管理職はこれらの点に留意する必要がある。

（5）ストレスマネジメント

　自分自身のストレスについて知り，適切な対処法を実践することで，ストレスに対する自己コントロール能力をつける手法のことを，ストレスマネジメントという。自分自身のコンディションに目を向けて，悩みから気持ちを切り替えるスキルを学ぶことが必要である。

1）メンタルヘルス不調への気付き

　教員の自己健康管理の現状として，メンタルヘルスに対する知識が少なく，生活に支障が出ないと本人も周囲も気付かないこと，精神疾患で休職する教員の約 3 分の 2 が休職の直前になるまで受診していないことが指摘されている 11)。

　まずは，教員自身が自分のメンタルヘルス不調に気付くことが大切である＊14。職場における心の病として代表的なうつ病は，心の風邪とも呼ばれる身近な精神疾患である。うつ病の主な症状は，「抑うつ気分」「興味と喜びの喪失」「活力の減退，疲れやすさ」とされている 12)。メンタルヘルスに不安を感じる際には，積極的に専門家に相談することが大切である。

２）ストレス対処の基本

ストレス対処においては，以下のとおり，３つのRが基本となる。

Rest（レスト）：睡眠・休息・休養

疲労回復やストレス耐性が高まる等，心身の健康を保つ上で睡眠は非常に重要である。良質な睡眠を規則正しくとるために，朝は必ず日光を浴びる，夕食は就寝３時間前までに済ませる等を心掛けることが大切である。

Relax（リラックス）：音楽・ストレッチ等

呼吸法（腹式呼吸）や音楽・ストレッチ等，リラクゼーション法を身に付けると，心が穏やかになる。近年はマインドフルネス[*15]が注目されており，ストレス耐性や感情の自己コントロール能力が高まるといわれている[13]。

Recreation（レクリエーション）：運動・趣味娯楽・旅行・気晴らし等

運動は脳を刺激し，"幸せホルモン"と呼ばれるセロトニン分泌を増やす効果があることが知られている。癒し効果のある自然の中でのウオーキングやジョギング，ストレス軽減につながる動物との触れ合いもお勧めである。

ちなみに，若手教員を対象とした調査で，ストレス軽減行動としてあげられたのは，人と話す，生活や仕事の仕方を工夫する，リラックスする，考えを変える，趣味を楽しむ，とことん落ち込むであった[14]。

３）ストレスコーピング

自身のストレスに気付き，これに対処する知識や方法を身に付けることが重要である。人間の心や体への外部からの刺激をストレッサーといい，ストレッサーに適応しようとして生じた心や体の様々な反応をストレス反応という。そして，ストレスに対処する行動をコーピングという。コーピングとは，困難な状況を切り抜けるために行う様々な行動や考え方のことである。心や体を健康に保つ秘訣は，ストレッサーに対してどのようにコーピングを行うかにあると考えられる。

一般的には，ストレスコーピングの方法は以下の２つに分けられる[15]。

① 問題焦点コーピング：ストレッサーそのものに働き掛けて，それ自体を変化させて解決を図ろうとすること。

② 情動焦点コーピング：ストレッサーそのものに働き掛けるのではなく，それに対する考え方や感じ方を変えようとすること。

例えば，対人関係がストレッサーである場合，前者は，相手の人に直接働き掛けて問題解決を図ろうとするが，後者は，それに対する自分の考え方や感じ方を変えるということである。ストレッサーそのものが対処によって変化可能な場合は問題焦点コーピングが適当で，ストレッサーが対処によっても変化可

不安定になる，今までより意欲が低下する，自己評価を下げる発言が増える等。
*4の文献と同じ，p. 15.

12）真金薫子『月曜日がつらい先生たちへ－不安が消えるストレスマネジメント－』時事通信社，2018, p. 43.

*15 マインドフルネス：仏教の瞑想や禅をアレンジした技法で，今この瞬間に意識を向けた状態のこと。

13）今井真理『教師のためのマインドフルネス入門－ストレスをコントロールする力の鍛え方－』明治図書，2021, p. 47.

14）椋田容世・小野圭司「若手教師のメンタルヘルスのための実践的取り組みの検討－教員メンタルサポートプログラム－」埼玉大学教育学部教育実践総合センター紀要13, 2014, pp. 77-83.

15）厚生労働省 生活習慣病予防のための健康情報サイトe-ヘルスネット「ストレスコーピング」

＊16　コーピングの中には，飲酒や喫煙，気晴らし食い等の「健康リスク行動」がある。これらの行動を長期間続けると，様々な身体疾患や精神疾患のリスクが高まるため，注意が必要。
島津明人・島津美由紀『自分でできるストレスマネジメント-活力を引き出す6つのレッスン-』培風館，2008，p. 74.

16）大石 智『教員のメンタルヘルス-先生のこころが壊れないためのヒント-』大修館書店，2021，p. 196.

17）12）と同じ，pp. 31-32，p. 49.

＊17　アサーション・トレーニング：アサーションとは，自分の考えや意見等を率直に，その場の状況に合った適切な方法で表現すること。アサーション・トレーニングでは，アサーティブであるために必要な具体的な自己表現の仕方を学ぶ。

18）＊4の文献と同じ，p.15.

＊18　インシデント・プロセス法：事例研究法の一つの形式で，参加者による能動的な情報収集が特色。

19）新井 肇「インシ

能でない場合は情動焦点コーピングが適当であると考えられる。

問題や状況に応じてコーピングの使い分けができた場合には，イライラや不安が緩和される＊16。いわば，コーピングはストレス対応の「分かれ道」であるため，コーピングを工夫し，ストレッサーとうまく付き合うことが大事である。

4）考え方の偏りへの気付き

教員が厳しい環境の中でもうまく対処するためには，思考の柔軟さ，柔軟な認識の仕方が求められる。認知が偏り，うつに陥りやすい思考パターンとして，「○○すべきだ」「○○でなければならない」という「べき思考」があり，教員が陥りやすい思考パターンの一つであるとされている。こうした思考に縛られていると，理想通りにいかない場合に，過度に落ち込んだり自分を責めたりしてしまいがちである[16]。

認知療法・認知行動療法の技法の一つである「コラム法」では，つらい気持ちが起きたとき，具体的に「状況」「感じたこと」「そのときの考え」「その根拠となる事実」「根拠としてあげたことと食い違う事実」等をノートに書き起こす。それによって，自分の思考パターンを客観的に把握し，バランスの取れた考え方を探り，心の変化を把握することが可能となる[17]。こうした方法により，自分自身の感情や考え方を見つめ直す機会をもつことは有効であろう。

（6）実践的な研修の充実

学校現場においては，教員が取り組みやすいよう，学級経営，生徒指導や保護者との関わり等の困難な場面を想定したグループワークやロールプレーイング演習，カウンセラーを活用したアサーション・トレーニング＊17，ストレスマネジメント等を取り入れた実践的な研修が求められている[18]。

表12-3は，小学校・中学校・高等学校における研修プログラム例である。教員がストレスマネジメントに関して学んだり，校種に応じて，自己効力感の向上や同僚性の形成を図ったりできるような研修内容となっている。

新井は，教員のバーンアウト問題への予防方法として，インシデント・プロセス法＊18等の参加型の校内研修が有効であると述べている[19]。インシデント・プロセス法では，人間関係改善効果を活用した実践を行い，組織間のまとまり，他者理解，職員間の意識啓発等，集団で仲間を支える力の促進に効果があることが報告されている。この方式では，事例の資料は簡潔なものでよいため，発表者の負担が少ないこと，参加者全員が，問題解決の当事者の立場で考えることができ，主体的に参加できる等の利点があるとされている。

表12-3　小学校・中学校・高等学校における研修プログラム（例）

回	小学校	中学校	高等学校
1 （共通）	○ストレスマネジメント・その1 ・ストレスの理解（ストレスの捉え方，ストレスと向き合う基本姿勢，ストレスの流れ） ・ストレスの気づき（ストレスの流れの各段階における自己理解） ・ストレスへの対処①（リラクセーションスキル）		
2	○ストレスマネジメント・その2 ・ストレスへの対処②（認知的スキル） ・ストレスへの対処③（コミュニケーションスキル）		
3 （独自）	○児童理解と指導援助 ・事例研究（インシデントプロセス法） ・授業研究（教授スキル）	○生徒理解と指導援助 ・事例研究（インシデントプロセス法） ・チーム支援（協働的問題解決）	○生徒理解と指導援助 ・事例研究（インシデントプロセス法） ・チーム支援（協働的問題解決）
4	○同僚性の形成 ・親和性，共感性（信頼関係の構築） ・協働性，向上性（連携の強化）	○同僚性の形成・その1 ・親和性（信頼関係の構築） ・共感性（他者理解の促進，傾聴スキル）	○同僚性の形成 ・親和性，共感性（信頼関係の構築） ・協働性，向上性（連携の強化）
5	○保護者対応 ・保護者理解（基本的姿勢と留意点） ・対応マニュアル（確認と演習）	○同僚性の形成・その2 ・協働性（協働的問題解決，連携の強化） ・向上性（組織の成熟，個人の自己実現）	○教師の自己理解 ・コーピング特性（ストレス反応の軽減） ・被援助志向性（対人スキル）

出典）藤原忠雄『教師ストレスへの支援の在り方に関する基礎的研究－性，年代，校種による差異，及び包括的なストレス構造の検討－』兵庫教育大学学位論文，2014，p.173より抜粋

デント・プロセス法の教師バーンアウト予防効果に関する研究」生徒指導研究，17，2005，pp. 26-38.

（7）良好な職場環境・雰囲気の醸成

第2節の（1）でも触れたとおり，職場内の教員同士の普段からの相談のしやすさ，日頃のコミュニケーション，教員同士で協力し合って仕事をする雰囲気の醸成は，メンタルヘルス対策の予防的な取り組みとして重要であり，「弱音を吐ける職員室づくり」[20] が望まれる。

また，開かれた学校，開かれた校長室，開かれた職員室や事務室にすることで，教員同士のコミュニケーションの向上や風通しのよい職場の実現につながり，校長等とその他の教職員との間の認識の共有が図られるとともに，地域や保護者との対応についても，教員が互いに相談しながら対応することが可能になると考えられる [21]。

20）諸富祥彦『教師の悩みとメンタルヘルス』図書文化社，2009，p. 82.

21）＊4の文献と同じ，pp. 19-20.

●演習課題

課題1：教員のストレスの原因にはどのようなものがあるのか，調べてみよう。

　　　課題2：日頃の生活を振り返り，自分自身のストレスマネジメントについて考
　　　　　　えてみよう。
　　　課題3：将来，教員としてメンタルヘルスを維持しながら働くために大切なこ
　　　　　　とは何か，話し合ってみよう。

✂ コラム　　ICT教育

　これからの時代を生きる子供たちに求められるのは，単に知識を覚えるだけでなく，自ら課題や問題を発見して，解決策を考える力である。しかし，日本はその力を育むための道具である教育のICT化（パソコンやタブレット端末，インターネット等の情報通信技術の導入）が遅れていた。2018（平成30）年に行われたOECDのICT活用調査で，日本は学校授業におけるデジタル機器の使用時間が37か国の加盟国中，最下位であった[*]。これを受け文部科学省は，全国の児童生徒に1人1台のコンピュータ端末と高速ネットワークを整備するGIGAスクール構想を打ち出した。その結果，2022（令和4）年度に小・中学生1人1台端末の整備が完了した。高校生は2024（令和6）年度に整備が完了する予定である。

　GIGAスクール構想の取り組みによりICT教育に必要な環境整備は加速したが，ICTを使った新しい学びの効果が表れるのはこれからである。これまでに明らかになったICT教育のメリットとデメリットを表に示す。

表　ICT教育のメリットとデメリット

メリット	① 試行錯誤しながら繰り返し調べたり実験したりできる。また，思考過程や結果を可視化することができる。 ② 学習成果等を他者に効果的に伝えたり共有したりすることができる。 ③ 時間や空間の制約を受けずに学習できる。 ④ 一律・一方向の学びから，個々の能力や特性に応じた学びの個別最適化が進む。 ⑤ 教員の経験知を蓄積し，科学的に検証して現場にフィードバックできる。 ⑥ 学校における事務を迅速かつ効率的にすることができる。
デメリット	① わかりやすい情報にいつでもアクセスできるため，わからないことを粘り強く考えたり知らないことを想像したりする機会が低下する可能性がある。 ② インターネットにおけるトラブルに巻き込まれないようにする必要がある。 ③ ICT機器の特性により，学習方法が画一的になったり限定されたりすることがある。

　現在，人工知能，VR（仮想現実），AR（拡張現実），MR（複合現実）等，新しい技術の普及が進んでいる。今後，仮想空間の中で社会生活を送ったり，人工知能搭載のロボットやキャラクターが友人になったりする時代が来るかもしれない。ICT教育は予測不能な未来を生きる子供たちのために欠かせない教育手法である。

　＊　文部科学省国立教育政策研究所「OECD 生徒の学習到達度調査（PISA）2018年調査補足資料（生徒の学校・学校外におけるICT利用）」https://www.nier.go.jp/kokusai/pisa/pdf/2018/06_supple.pdf

索 引

さ　行

た　行

編著者

すみもと　かつひこ
住本　克彦　　奈良学園大学人間教育学部 教授

〔執筆分担〕

第1章，第11章，コラム（第1章，第3章，
　　　第8章，第11章）

 著者（五十音順）

いのうえ　なおこ
井上　直子　　元 上郡町立上郡幼稚園長

コラム（第10章）

うえだ　のぶひこ
上田　喜彦　　天理大学人間学部 教授

第7章，コラム（第7章）

かたやま　のりあき
片山　則昭　　丹波市教育委員会 教育長

第9章4

かとう　ゆみ
加藤　由美　　新見公立大学健康科学部 准教授

第12章

かどはら　まさこ
門原眞佐子　　就実大学教育学部 教授

第10章1・2・3

さいとう　けんじ
斎藤　健司　　新見公立大学健康科学部 教授

コラム（第12章）

たかぎ　りょう
高木　亮　　美作大学生活科学部 准教授

第6章，コラム（第6章）

どい　たかこ
土井　貴子　　岡山理科大学教育学部 准教授

第3章

とみた　さちこ
冨田　幸子　　甲南女子大学文学部 講師

第10章4・5

のざき　ひろし
野﨑　洋司　　大和大学教育学部 教授

第9章1・2・3，コラム（第9章）

もうり　やすひと
毛利　康人　　芦屋大学臨床教育学部 准教授

第4章，コラム（第4章）

もとね　ともみ
元根　朋美　　帝塚山大学全学教育開発センター 准教授

第2章，コラム（第2章）

もり　かずこ
森　和子　　西宮市立西宮支援学校 教諭

第8章3

もり　かずひろ
森　一弘　　奈良学園大学人間教育学部 教授

第8章1・2

やました　あつこ
山下　敦子　　神戸常盤大学教育学部 教授

第5章，コラム（第5章）

教職ライブラリ

教職入門 −教育学のエッセンスから学ぶ−

2023年（令和5年）3月30日　初版発行

編著者　住　本　克　彦

発行者　筑　紫　和　男

発行所　株式会社 建 帛 社
　　　　KENPAKUSHA

〒112-0011 東京都文京区千石4丁目2番15号
TEL （03）3944-2611
FAX （03）3946-4377
https://www.kenpakusha.co.jp/

ISBN 978-4-7679-2133-4　C3037
©住本克彦ほか，2023.
（定価はカバーに表示してあります）

新協／常川製本
Printed in Japan